Pusteblume

2

Das Lesebuch

Schroedel

Inhaltsverzeichnis

Im Buch stöbern

1. Hier siehst du ein kleines Bild, das an einer anderen Stelle im Buch noch einmal schön groß abgebildet ist. Auf welcher Seite findest du es? Schreibe die Seitenzahl auf.

2. Dieses Bild gehört zu einem Märchen. Suche das Märchen im Buch und schreibe die Überschrift auf.

3. Katzen kommen in diesem Buch an mehreren Stellen vor. Aber an einer bestimmten Stelle hat eine Katze etwas im Maul. Was ist es? Und auf welcher Seite findest du das Bild?

4. In dem Kapitel **Gedichte-Werkstatt** findest du ein Gedicht über einen Hund. Auf welcher Seite steht es?

5. Die Seiten der **Theater-Werkstatt** haben eine bestimmte Farbe. Welche Farbe ist es?

6 Die Texte einer **Werkstatt** sind auf hellblauem Papier gedruckt. Welche Werkstatt ist das?

7 Im **Inhaltsverzeichnis** auf den Seiten 2 bis 7 steht alles, was in deinem Buch zu finden ist. Schlage es auf und suche das Kapitel über **Tiere**. Auf welcher Seite fängt es an?

8 Die einzelnen Kapitel haben oben am Rand einen farbigen Streifen. Wie heißt das Kapitel mit dem lila Streifen?

9 In dem Kapitel **Von seltsamen Wesen** kommen Texte über Gespenster vor. Wie heißen diese Texte genau?

10 In dem Buch gibt es viele Bilder, Gedichte und Geschichten. Welchen Text würdest du am liebsten gleich lesen? Suche dir einen aus.

11 Schlage im Buch die Seiten 78 und 79 auf. Was findest du dort? Erzähle!

12 Denke dir eine Suchaufgabe aus, die du einem anderen Kind stellen würdest.

Das ABC üben

ABC-Gedicht

Wolfgang Menzel

A B C D E	Herr Gockel tanzt im Schnee.
F G H und **I**	Da staunt das Federvieh!
J und **K** und **L**	Herr Gockel dreht sich schnell.
M und **N** und **O**	Da fällt er auf den Po.
P und **Qu**	Er schlägt im Nu
R S T	lang hin im Schnee.
und das **U**	Frau Huhn schaut zu.
V W X und **Y**	Das hat Herr Gockel nun davon!
und am Ende noch das **Z**	Das war das Gockel-Alphabet.

Das ABC üben

Bärchen-ABC

Apfelbärchen
Bananenbärchen
Comicbärchen
Dickbauchbärchen
Erdbeerbärchen
Fruchtbärchen
bärchen
Hagebuttenbärchen
bärchen
Johannisbeerbärchen
Kicherbärchen
Lakritzbärchen
Marmeladenbärchen

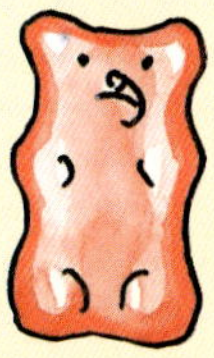

bärchen
Orangebärchen
bärchen
Quietschebärchen
bärchen
Sirupbärchen
bärchen
Urwaldbärchen
Vanillebärchen
Waschbärchen
X-Beinbärchen
Yippiebärchen
bärchen

Ich weiß noch eins: Brummbärchen!

Mein Bärchen kann lachen.
Welches ist es wohl?

Und einige haben eine schöne Farbe: ...

Manche Bärchen schmecken bestimmt gut:
Erdbeerbärchen!

1. Lest euch dieses Bärchen-ABC gegenseitig vor.

2. Welches Bärchen-Bild gehört an welche Stelle?

Wörter zusammensetzen

Aus und mit H wird Hund

Aus **und** mit **H** wird ,
aus **aus** mit **M** wird ,
aus **oben** mit **t** wird ,
aus **reiben** mit **sch** wird ,

aus **ach** mit **Kr** wird ,
aus **ein** mit **Schw** wird ,
aus **ringen** mit **sp** wird ,
aus **allen** mit **kn** wird .

1 Lest euch diese Verse gegenseitig vor.
Sprecht dabei die Buchstaben und Wörter
ganz deutlich aus.

Aus Kr und Eis wird Kreis

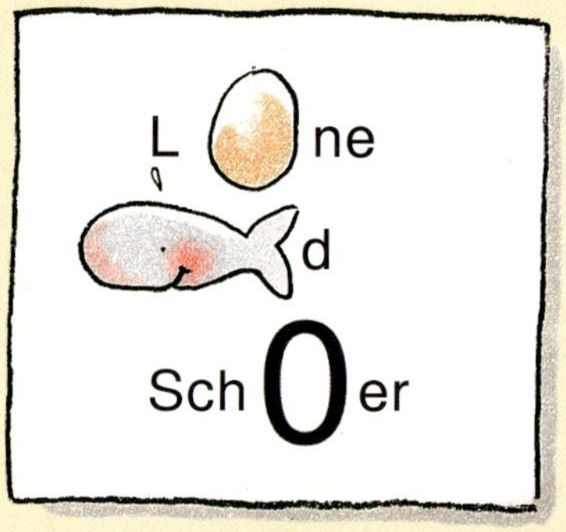

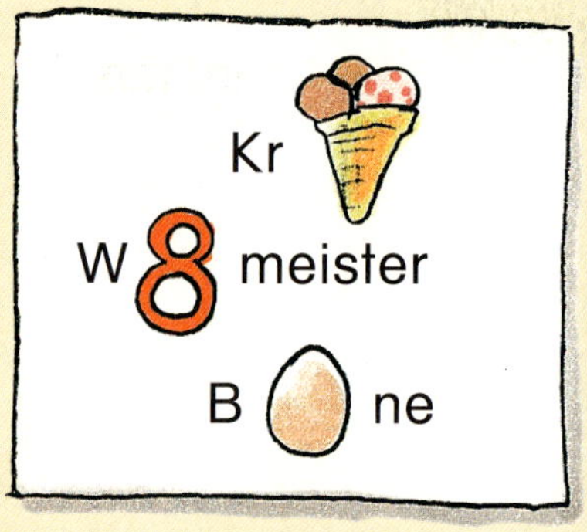

Knobeleien

Paul Maar

n sard
und n Lerd,
die m8en
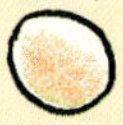ne fahrt

Heute N8

Barbara Rhenius

Heute N8
bin ich plötzlich aufgew8
und hab' ged8:
Hat da ner wohl gel8?

Genau hinschauen und lesen

Immer ein bisschen anders!

1 Paula schüttet den Apfelsaft in ihre Flasche.
2 Paula schüttet den Apfelsaft in ihre Tasche.
3 Paula schüttelt den Apfelsaft in ihrer Flasche.

4 Niklas sitzt im Bett und liest.
5 Niklas schwitzt im Bett und liest.
6 Niklas schwitzt im Bett und niest.

7 Die Mutter setzt den Deckel auf ihren Topf.
8 Die Mutter setzt den Deckel auf ihren Kopf.
9 Die Mutter setzt den Dackel auf ihren Kopf.

10 Die Kinder sitzen in der Klasse und schreiben.
11 Die Kinder schwitzen in der Klasse und schreiben.
12 Die Kinder flitzen durch die Klasse und schreien.

1. Lest in der Klasse reihum. Jedes Kind liest immer nur eine Zeile. Die anderen Kinder lesen leise mit.

2. Dann liest ein Kind immer drei Zeilen. Danach kommt das nächste dran.

3. In welcher Zeile sitzt der Dackel auf Mutters Kopf?

4. In welcher Zeile schreien die Kinder?

5. In welcher Zeile niest Niklas?

6. In welcher Zeile schwitzt jemand?

Buchstaben ergänzen

Bärenfamilie

Wolfgang Menzel

Wer ?ummelt da im Zoo umher?
Du glaubst es nicht: Familie ?är.
Die kleinen ?abys Bob und Bill,
die ?algen sich, denn jeder will
den ?esten ?issen Bärenfutter.
Bedrohlich ?rummt die ?ärenmutter!
Dem ?ärenvater wird's zu ?unt,
dem ?ärenvater wird's zu laut,
er macht den dicken ?uckel rund
und legt sich auf die ?ärenhaut.

Familie Pumpernick

Wolfgang Menzel

Das ist Familie Pumpernick,
mit P beginnt ihr Name.
Die Frau heißt ?aula ?umpernick,
ihr Mann, der heißt Pawudel,
Pepita ist ihr ?udel.
Frau Pumpernick pellt ?aprika,
Herr ?umpernick Kartoffeln.
?epita ist nicht stubenrein,
sie ?inkelt ?lötzlich still und fein
in Pumpernicks ?antoffeln.

Deutlich sprechen – und immer schneller

Zungenbrecher

**Zwischen zwei Zweigen
zwitschern zwei Schwalben.**

Auf den Kopf die Tropfen klopfen,
Tropfen klopfen auf den Kopf.

Schwestern schwätzen miteinander,
miteinander schwätzen Schwestern.

Pudel trinken Sprudel gern,
Sprudel trinken Pudel gern.

Fischers Fritz fischt frischen Fisch,
frischen Fisch fischt Fischers Fritz.

*In Wolken trommelt und grummelt der Donner,
der Donner grummelt und trommelt in Wolken.*

Schnellsprachverse lesen und sprechen
Unterschiedliche Schriften lesen

Immer längere Wörter lesen

Das Schokokusswettkampfessen

Kröte
Schildkröte
Riesenschildkröte

Napf
Futternapf
Katzenfutternapf

Platz
Spielplatz
Gartenspielplatz
Kindergartenspielplatz

Flasche
Saftflasche
Apfelsinensaftflasche

Arbeiter
Fabrikarbeiter
Spielzeugfabrikarbeiter
Kinderspielzeugfabrikarbeiter

Essen
Kampfessen
Wettkampfessen
Kusswettkampfessen
Schokokusswettkampfessen

1 Lest reihum. Jedes Kind liest immer nur eine Zeile. Die anderen lesen leise mit.

2 Jetzt liest jedes Kind immer einen ganzen Absatz.

3 Und jetzt lest einmal umgekehrt: von unten nach oben.

Immer längere Sätze lesen

Tina läuft über

1 Tina läuft.
2 Tina läuft über.
3 Tina läuft über den Schulhof – und fällt auf die Nase.

4 Paul gibt.
5 Paul gibt an.
6 Paul gibt an Tina den Ball weiter – und die freut sich.

7 Paul schlägt.
8 Paul schlägt sein Buch.
9 Paul schlägt sein Buch auf – und liest.

10 Das Baby macht.
11 Das Baby macht sich.
12 Das Baby macht sich ein.
13 Das Baby macht sich ein Stück Kuchen ab – und isst es auf.

1. Lest reihum. Jedes Kind liest immer nur eine Zeile. Die anderen Kinder lesen mit. Betont beim Lesen die unterstrichenen Wörter.

2. Danach liest jedes Kind immer einen ganzen Absatz.

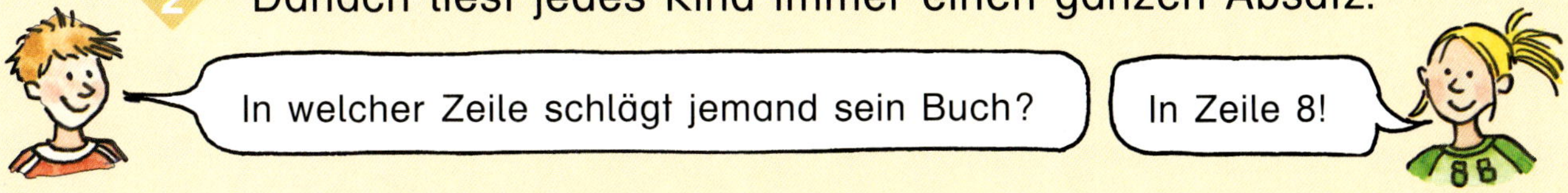

3. In welcher Zeile gibt jemand an?

4. In welcher Zeile kommen zwei Kinder vor?

5. In welcher Zeile freut sich jemand?

→ Geschichten-Werkstatt, Seite 139: Eine Geschichte vorlesen

Beim Sprechen Pausen machen

Unsere Familie

Unser Baby ist zwei und vierzig Jahre
alt ist meine Mutter und noch ganz jung
ist unser Hund Fips über neunzig Jahre
ist mein Opa sieben Jahre alt
bin ich selbst.

Finger und Zehen

Ich habe einen großen Zeh
an jedem Fuß einen Daumen
an jeder Hand ein Knie
an jedem Bein einen Zeigefinger
an jeder Hand eine Nase
in meinem Gesicht einen Bauchnabel
an meinem Bauch,
ja, den habe ich auch.

Leise durchlesen – Fantasiewörter erraten

Ücken

Barbara Rhenius

Ücken kennt jedes Kind.
Manche Ücken sind braun,
manche sind gelblich und manche schwarz.
Alle Ücken sind glitschig.
Sie können nur ganz langsam kriechen.
Manche Ücken sind nackt,
und manche tragen ihr Ückenhaus auf dem Rücken.
Kinder mögen Ücken mit einem Haus gern.

Strugel

Barbara Rhenius

Ücken sind die Lieblingsspeise von Strugeln.
Strugel gehen nachts auf die Jagd.
Wenn ein Hund einen Strugel sieht, bellt er.
Er kann ihm aber nichts tun.
Denn der Strugel kugelt sich zusammen
und streckt seine Stacheln heraus
und wartet einfach, bis der Hund wieder weg ist.

1. Diese beiden Texte musst du unbedingt erst einmal leise durchlesen.

2. *Ücken sind ...*   *Strugel sind ...*

3. Lest euch gegenseitig vor, was ihr aufgeschrieben habt.

Texte und Bilder zuordnen

Wem gehört welches Auto?

Ich habe ein Auto,
das kann nicht so schnell fahren.
Es hat drei Sitze.
Mit diesem Auto holen
die Fahrer montags
immer den Müll ab.

Ich habe ein Auto,
das kann sehr schnell fahren.
Es hat nur zwei Sitze.
Mit diesem Auto kann man
fliegen, und die Fahrer
wollen damit Autorennen
gewinnen.

Ich habe ein Auto,
das kann ziemlich schnell fahren.
Es hat sechs Sitze.
In diesem Auto fahren wir
manchmal sonntags
unsere Großeltern besuchen.

Ich glaube, ein Kind flunkert!

Ich habe ein Auto,
das kann sehr schnell fahren.
Es hat vier Sitze.
Die Fahrer in diesem Auto
passen auf den Verkehr auf.
Manchmal halten sie andere Autos an.

Meltem *Moritz*

Texte und Bilder
miteinander vergleichen
und einander zuordnen

Ich bin ich

Henriette Sauvant: Erzählbild.

1 Stell dir vor, du bist dieses Kind.
Was erlebst du?

Das Geschenk oder Das geheimnisvolle Ei

„Ich möchte dir etwas schenken“, hatte der Großvater gesagt,
als er dem Kind das Ei in die Hand legte.
Das Ei war aus schimmerndem Metall
und ziemlich schwer.

Wenn man es bewegte, ertönte ein feiner Klang.
Und dann hatte der Großvater noch gesagt:
„Das Ei hat ein Geheimnis. Es hilft bei großem Kummer.
Trage es immer bei dir.“

Und als das Kind einmal sehr traurig war,
nahm es das Ei, schüttelte es vorsichtig
und lauschte dem Klang.
Da wurde das Ei größer und größer.
Es wurde so groß wie ein Haus.
Das Kind spürte, wie der Kummer kleiner wurde.
Dann begann das Ei zu schweben.
Und eine Tür tat sich auf.

1. Das Bild kann jedem, der es anschaut, eine Geschichte erzählen. Man muss diese Geschichte aber aus seiner Fantasie hervorholen. Erzähle deine Geschichte zu dem Bild.

Das Lied von den Gefühlen

Text und Melodie: Klaus W. Hoffmann

2. Wenn ich wütend bin, sag ich dir,
ja, dann brüll und stampf ich wie ein wilder Stier.
Solche Sachen kommen mir so in den Sinn,
wenn ich wütend bin, wütend bin.

3. Wenn ich albern bin, fällt mir ein,
ja, dann quiek ich manchmal wie ein kleines Schwein.
Solche Sachen kommen mir so in den Sinn,
wenn ich albern bin, albern bin.

4. Wenn ich traurig bin, stell dir vor,
ja, dann heul ich wie ein Hofhund vor dem Tor.
Solche Sachen kommen mir so in den Sinn,
wenn ich traurig bin, traurig bin.

5. Wenn ich fröhlich bin, hör mal zu,
ja, dann pfeif ich wie ein bunter Kakadu.
Solche Sachen kommen mir so in den Sinn,
wenn ich fröhlich bin, fröhlich bin.

Heute bin ich …

Ursula Wölfel

Heute bin ich traurig aufgewacht.
Ich weiß nicht, warum.
Alle fragen: „Was tut dir weh?
Warum bist du traurig?“
Nichts tut mir weh.
Ich bin nur traurig.

Alle sagen: „Die Sonne scheint!
Warum bist du traurig?“
Aber ich kann es nicht sagen.
Ich bin nur traurig.

Auch mein Bär ist heute traurig,
und ich weiß nicht, warum.
Alle sollen uns in Ruhe lassen.

Heute geht‘s mir gut und das klingt so:

Heute bin ich fröhlich aufgewacht.
Ich weiß nicht, warum.
Alle fragen:
Warum bist du so froh?
Einfach nur so.

Alle sagen: „Das Wetter ist ___.
Warum lachst du so?“
Aber ich kann es nicht sagen.
Ich bin einfach nur ___.

Auch mein ___ ist heute ___,
und ich weiß nicht, warum.
Alle …

Der wütende Willi

Hiawyn Oram

Einmal lebte ein Junge, der Willi hieß. Er wollte unbedingt aufbleiben und den Wildwestfilm sehen.

„Nein“, sagte seine Mutter, „es ist schon spät. Geh ins Bett.“

„Dann werde ich wütend“, sagte Willi.

„Dann werde wütend“, sagte seine Mutter.

Das wurde er auch. Sehr, sehr wütend.

So wütend, dass seine Wut sich in eine Gewitterwolke verwandelte und mit Donner, Blitz und Hagel zerplatzte.

„Das reicht“, sagte seine Mutter.

Aber es reichte gar nicht.

Willis Wut verwandelte sich in einen Orkan, der Hausdächer, Schornsteine und Kirchturmspitzen herunterriss

„Das reicht“, sagte sein Vater.

Aber es reichte gar nicht.

Willis Wut verwandelte sich in einen Taifun, der ganze Städte ins Meer schleuderte.

„Das reicht“, sagte sein Großvater.

Aber es reichte gar nicht.

Willis Wut verwandelte sich in ein Erdbeben, das die Oberfläche der Erde aufbrach, wie ein Riese ein Ei aufbricht.

„Das reicht“, sagte seine Großmutter.

Aber es reichte gar nicht.

Willis Wut verwandelte sich in eine Explosion des ganzen Weltalls, und die Erde und der Mond und die Sterne und die Planeten, Willis Land und Willis Stadt, seine Straße, sein Haus, sein Garten und sein Zimmer waren nur noch Trümmer im All.

Willi saß auf einem Felsstück vom Mars und überlegte. Er überlegte und überlegte. …

Worüber hat Willi eigentlich nachgedacht?

Erinnert dich Willis Geschichte an etwas, das du auch schon erlebt hast?

1 Lies noch einmal die Absätze, die so beginnen:
Willis Wut …
Was passiert mit Willis Wut?

2 Malt in der Gruppe ein Bild zu jedem Absatz.

3 Erfindet ein Ende der Geschichte.

4 Lest nun die Geschichte mit eurem Ende in der Gruppe laut vor.
Teilt euch dabei die Absätze oder auch die Rollen auf:
Ein Kind ist Erzähler,
ein Kind ist Willi, eins die Mutter, …

5 Zeigt eure Bilder dazu.

Wenn ich ein Schaf hätte

Mick Inkpen

Wenn ich ein Schaf hätte …

kämmte ich es so lange,
bis es sich wie neu vorkäme.

Mit Murmeln und Pusteblumen würde ich ihm das Zählen beibringen.

Wir könnten eine Rakete bauen und zum Mond fliegen.

Wir könnten auch „Erwachsensein“ spielen.

Wir würden durchs Gebüsch schleichen und wilde Tiere beobachten.

Bei Wind könnten wir
die Blätter jagen,

bei Sonne würden wir
Eiscreme schlecken.

Wir könnten uns als Pirat
oder als Prinzessin verkleiden.

Mit Gitarre und Schlagzeug
könnten wir Musik machen.

Wir könnten auch
Arzt und Patient spielen.

Abends würde ich ihm vorlesen
und es mit ins Bett nehmen.

Ich hätte lieber
einen Drachen.

1 Du kannst dir ein kleines Buch falten
und die Geschichte von deinem Wunschtier
schreiben und malen.

Suse möchte krank sein

Sabine Ludwig

Suse steht vor dem Spiegel,
sie streckt sich die Zunge raus.
Die Zunge ist rosa.
Eine rosa Zunge ist gesund,
das weiß Suse.
Wenn man krank ist,
sieht die Zunge weiß aus
oder gelb.
Suse fasst sich an die Stirn.
Die Stirn ist kühl.
Eine kühle Stirn ist gesund.
Wenn man krank ist,
fühlt sich die Stirn heiß an.
Suse horcht in ihren Bauch.
Ihr Magen knurrt.
Wenn man krank ist,
hat man keinen Hunger.
Suse ist gesund.
„Pumperlgesund“,
wie Mama immer sagt.

Aber Suse möchte krank sein,
nur für einen Tag,
nur für morgen.
Denn morgen hat sie Sport,
in der dritten Stunde.
Suse mag Sport.
Sie hüpft gern auf einem Bein.
Sie springt gern Seil.
Sie läuft gern um die Wette.
Sie wirft gern ganz weit.
Aber morgen hüpfen sie nicht,
sie springen auch nicht Seil.
Und um die Wette laufen sie
schon gar nicht.
Morgen spielen sie wieder Völkerball.
Und bestimmt will wieder keiner
Suse in seiner Mannschaft haben.
Denn Suse kann nicht
Völkerball spielen.

1 Ergänze diese Sätze:
Suse ist ganz gesund, weil ...
Suse mag Sport, wenn ...
Suse hat Angst vor ...
Wenn Suse meine Freundin wäre, würde ich ...

Ich

Manfred Mai

Heute haben mich meine Eltern
neu eingekleidet.
Neues Hemd.
Neuer Pulli.
Neue Jacke.
Neue Hose.
Neue Schuhe.

Meine Mutter
und die Verkäuferinnen
haben immer gesagt,
alles passe gut zusammen –
und zu mir.
Aber
wenn ich die neuen Sachen trage,
ist mir ganz komisch.
Ich weiß gar nicht mehr,
ob ich noch ich bin.

1 Schreibe auf, was du am liebsten anziehst.
Du kannst auch ein Bild dazu malen oder kleben.

→ Gedichte-Werkstatt, Seite 151:
Was ich gern mag

Nina und die Unordnung

Renate Welsh

Die Mutter trägt frisch gewaschene Wäsche
in Ninas Zimmer.
Als sie herauskommt,
hat sie ihr Gewittergesicht aufgesetzt.
„Nina!“, ruft sie. „Räum sofort auf da drin.
So eine Unordnung!“
Nina geht in ihr Zimmer.
Die Puppen liegen auf dem Teppich.
Die schauen den Stofftieren zu.
Die Bausteine liegen auf dem Teppich.
Die sollen ein Turm werden.
Die Bilderbücher liegen auf dem Teppich.
Die will Nina anschauen.
Die Autos liegen auf dem Teppich.
Die parken da.
Ein blauweißer Ringelsocken liegt auf dem Teppich.
Der ist eine Schlange.
Papierschnipsel liegen auf dem Teppich.
Die sind das Futter für die Schlange.
„Ich seh keine Unordnung!“,
ruft Nina in die Küche.

1. Was hat Ninas Mutter gesehen?
   Wie erklärt Nina ihre Ordnung im Zimmer?
   Kann sie ihre Mutter überzeugen? Oder gibt es Streit?

2. Probiert so ein Gespräch miteinander aus.

Thomas

Karin Gündisch

Thomas hat Hunger. Er hat oft Hunger. Er darf nicht viel essen. Thomas ist dick. In der Pause hat er kein Pausenbrot. Zu Mittag kann er sich nicht satt essen. „Du wirst zu dick“, sagt seine Mutter. Die Mutter von Thomas ist auch dick. Sie darf auch nicht viel essen. Sie hat es gelernt, nicht viel zu essen. Am Nachmittag geht Thomas zu seinem Freund Jens. Sie spielen zusammen. Nach einer Weile sagt Thomas: „Ich hab Hunger.“ Jens gibt ihm einen Joghurt. Thomas isst den Joghurt. „Hast du nicht auch ein Stück Brot?“, fragt er. Jens holt das Brot. „Willst du ein Stück Käse drauf?“ „Doch, gern“, sagt Thomas. „Vielleicht auch Wurst?“ Thomas nickt zustimmend. Er isst. Es schmeckt ihm. Er genießt das Essen. „Du wirst aber dick“, sagt Jens. „Na und“, sagt Thomas. „Ich mag mich auch dick.“ „Ich mag dich auch dick“, sagt Jens. Die Jungen sehen sich an und lachen. Am Abend hat Thomas keinen Hunger. Die Mutter sagt: „Siehst du, es geht doch, wenn du willst!“ Thomas nickt und grinst.

Über eine Geschichte gemeinsam nachdenken

1. Diese Geschichte solltet ihr euch erst einmal vorlesen lassen.

2. Lies dann die Geschichte noch einmal leise durch.

3. Beantwortet jetzt gemeinsam folgende Fragen:

   - Welche Personen kommen in der Geschichte vor? Nennt die Zeilen, in denen sie zum ersten Mal genannt werden: *Thomas: Zeile 1, ...*
   - Was gibt Jens dem Thomas alles zu essen? Lest es vor.
   - Warum gibt er ihm eigentlich so viel? Sprecht darüber.
   - In Zeile 25 steht:
     Am Abend hat Thomas keinen Hunger.
     Warum eigentlich nicht?
   - Die Mutter sagt:
     „Siehst du, es geht doch, wenn du willst.“
     Was denkt wohl die Mutter von Thomas?
   - Der letzte Satz heißt: *Thomas nickt und grinst.*
     Warum grinst er?
   - Welches ist wohl der wichtigste Satz in dieser Geschichte?
     Zeile 5: *„Du wirst zu dick“, sagt seine Mutter.*
     Zeile 12: *Jens gibt ihm einen Joghurt.*
     Zeile 23: *„Ich mag dich auch dick“, sagt Jens.*
     Sprecht miteinander darüber.

Niemand

Simone Klages

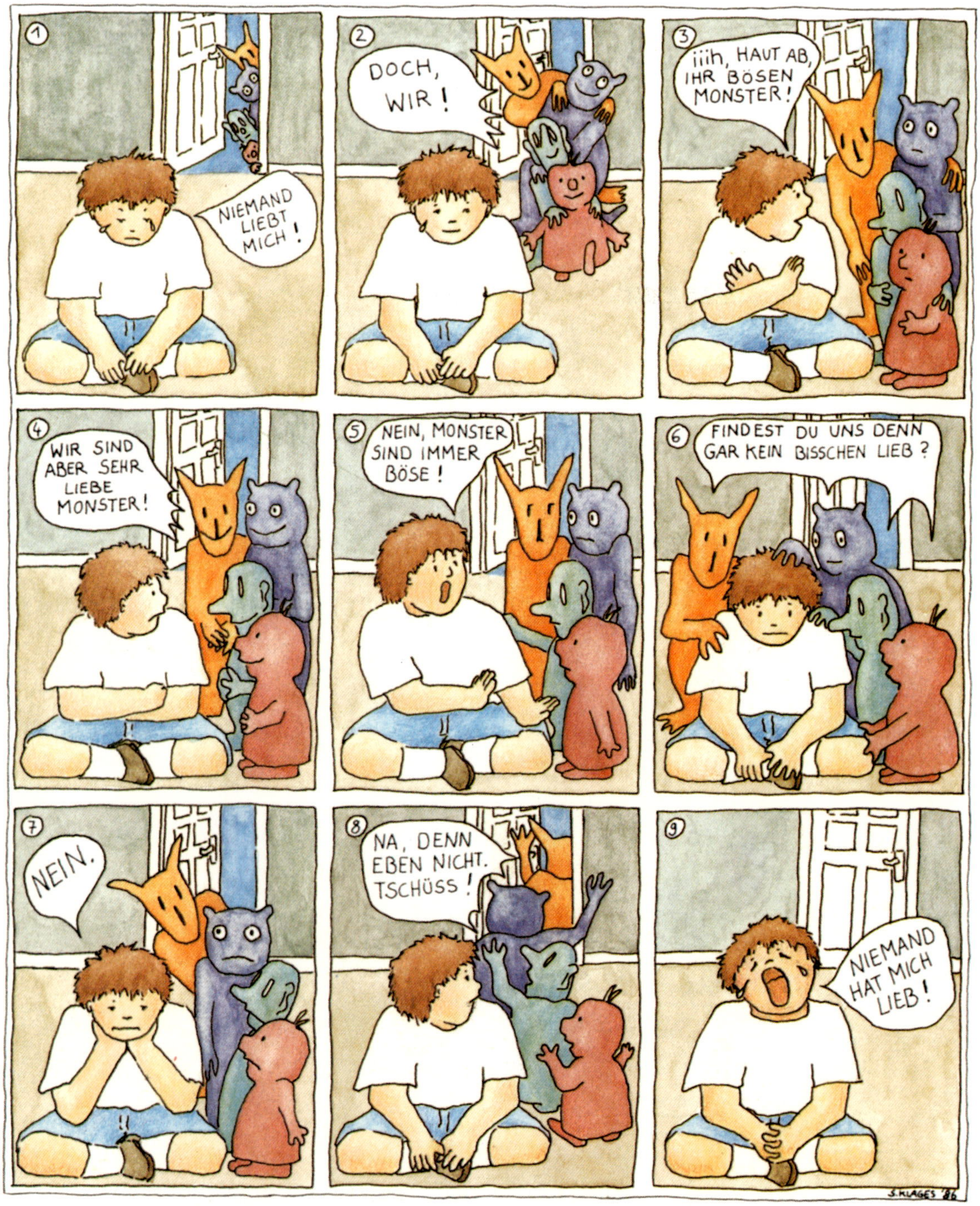

1. Die Geschichte auf Seite 36 geht nicht gut aus.

Am Ende ist das Kind ja noch trauriger als vorher.

Warum eigentlich?

2. Lies die Sprechblasen noch einmal genau.

3. In welchem Bild könnte der Anfang vom guten Ende sein?

4. Malt und schreibt ein gutes Ende für die Geschichte.

Irgendwie Anders

Kathryn Cave, Chris Riddell

Auf einem hohen Berg, wo der Wind pfiff, lebte ganz allein und ohne einen einzigen Freund Irgendwie Anders. Er wusste, dass er irgendwie anders war, denn alle anderen fanden das. Wenn er sich zu ihnen setzen wollte oder mit ihnen spazieren gehen oder mit ihnen spielen wollte, dann sagten sie immer: „Tut uns Leid, du bist nicht wie wir. Du bist irgendwie anders. Du gehörst nicht dazu.“

Warum sagen sie das nur?

Irgendwie Anders tat alles, um wie die anderen zu sein. Er lächelte wie sie und sagte „hallo“. Er malte Bilder. Er spielte, was sie spielten (wenn er durfte). Aber es half alles nichts. Er sah nicht aus wie die anderen und sprach nicht wie sie. Er malte nicht so wie sie. Und er spielte nicht so wie sie. Und was er für komische Sachen aß! „Du gehörst nicht hierher!“, sagten alle. „Du bist nicht wie wir, du bist irgendwie anders!“

Weshalb finden die anderen alles, was ich mache, nicht richtig?

Irgendwie Anders ging traurig nach Hause. Er wollte gerade schlafen gehen, da klopfte es an der Tür. Draußen stand jemand – oder etwas. „Guten Tag!“, sagte das Etwas und hielt ihm die Pfote hin – das heißt eigentlich sah sie mehr wie eine Flosse aus. „Kenn ich dich?“, fragte Irgendwie Anders verwirrt.

„Ob du mich kennst?“, fragte das Etwas und lachte. „Natürlich! Guck mich doch mal ganz genau an, na los doch!“

Und Irgendwie Anders guckte.

Warum guckt er wohl so?

Er lief um das Etwas herum, guckte vorn, guckte hinten. Und weil er nicht wusste, was er sagen sollte, sagte er nichts.

„Verstehst du denn nicht!“, rief das Etwas. „Ich bin genau wie du! Du bist irgendwie anders – und ich auch.“

Und es streckte wieder seine Pfote aus und lächelte. Irgendwie Anders war so verblüfft, dass er weder lächelte noch die Pfote schüttelte.

„Wie ich?“, sagte er. „Du bist doch nicht so wie ich! Du bist überhaupt nicht wie irgendwas, das ich kenne. Tut mir Leid, aber jedenfalls bist du nicht genauso irgendwie anders wie ich!“

Und er ging zur Tür und öffnete sie.

„Gute Nacht!“

Das Etwas ließ langsam die Pfote sinken. „Oh!“, machte es und sah sehr klein und sehr traurig aus. Es erinnerte Irgendwie Anders an irgendwas, aber er wusste einfach nicht, woran.

Weißt du es?

Das Etwas war gerade gegangen, da fiel es ihm plötzlich ein. „Warte!“, rief Irgendwie Anders. „Geh nicht weg!“

Er rannte hinterher, so schnell er konnte. Als er das Etwas eingeholt hatte, griff er nach seiner Pfote und hielt sie ganz, ganz fest. „Du bist nicht wie ich, aber das ist mir egal. Wenn du Lust hast, kannst du bei mir bleiben.“

[...]

Ob das Etwas nun zurückkommt?

Von dem Jungen, vor dem alle Angst hatten

Elisabeth Stiemert

In der Dreierlei-Straße wohnte ein Junge, vor dem alle Angst hatten. Der Junge wohnte hier noch nicht lange. Er war größer als die anderen Kinder und er saß auf der Treppe vor seinem Haus einfach so da. Jeden Tag saß der Junge da auf der Treppe und er machte meistens ein böses Gesicht. Sonst machte er nichts. Manchmal spuckte er allerdings, aber nur auf die Straße. Manchmal pfiff er auch laut. Er steckte zwei Finger in seinen Mund und pfiff dann wirklich ganz laut. Manchmal boxte er auch in die Luft. Mit zwei Fäusten boxte er vor sich hin, als ob jemand da wäre, den er so boxte. Aber er saß immer auf der Treppe dabei.
Trotzdem hatten die anderen Angst.
Wenn die Kinder aus der Dreierlei-Straße einkaufen mussten, gingen sie nicht an dem Jungen vorbei.
Sie gingen hinüber auf die andere Seite der Straße.
Und wenn der Junge zu ihnen hinsah,
liefen sie schneller.
Manche glaubten, der Junge hätte ein Messer.
Manche glaubten auch, er nehme ihnen das Geld, das sie zum Einkaufen brauchten, und Spielsachen machte er sicher kaputt. Ein Junge, der immer so böse guckte, machte sicherlich alles kaputt.
Und bestimmt haute er kleinere Kinder.
Einmal kam ein Kind zu Besuch in die Dreierlei-Straße, und nach dem Kaffeetrinken kam das Kind heraus.
Es hatte seinen Ball mitgebracht und wollte sehr gerne spielen. Das Kind ging mit dem Ball zu dem Jungen.
Es wusste ja nicht, dass die anderen vor ihm Angst hatten.
„Wollen wir spielen?“, fragte das Kind diesen Jungen.
Der Junge guckte erstaunt. Dann stand er auf

von der Treppe und lachte. „Los“, sagte der Junge, „wir spielen Torschießen!“ Die anderen Kinder aus der Dreierlei-Straße sahen sich an, wie der Junge mit dem fremden Kind spielte. Sie standen weit weg. Aber sie sahen, dass der Junge auch lachte. „Vielleicht hat der Junge kein Messer“, dachten sie jetzt. „Vielleicht nimmt er kein Geld weg.“ „Vielleicht macht er auch gar nichts kaputt und sicherlich haut der Junge auch keinen.“ Morgen wollten sie ihn fragen, ob er Lust hätte, mit ihnen zu spielen.

1. In dem Text sind Sätze markiert.
   Die brauchst du, um die Geschichte zu verstehen.
   Die anderen Sätze erzählen noch mehr
   oder noch genauer.

2.
   - Was denken die Kinder am Anfang der Geschichte über den Jungen und warum?
   - Was denken die Kinder am Ende – warum jetzt?

3. Unterhaltet euch darüber
   und schreibt die Gedanken auf.

Petra

Marianne Kreft

Das macht Petra, wenn sie sich
mit Steffen an-freundet:
Sie lächelt Steffen an.
Sie legt ihren Arm um Steffen.
Sie hält Steffen an der Hand.
Sie macht Steffen den Ranzen zu.
Sie setzt sich ganz nah zu Steffen.

Das macht Petra, wenn sie sich
von Steffen ab-freundet:
Sie dreht Steffen den Rücken zu.
Sie guckt Steffen bös an.
Sie streckt Steffen die Zunge raus.
Sie lacht Steffen aus.

Warum tut sie das wohl?

1. Schreibe auf kleine Notizzettel:

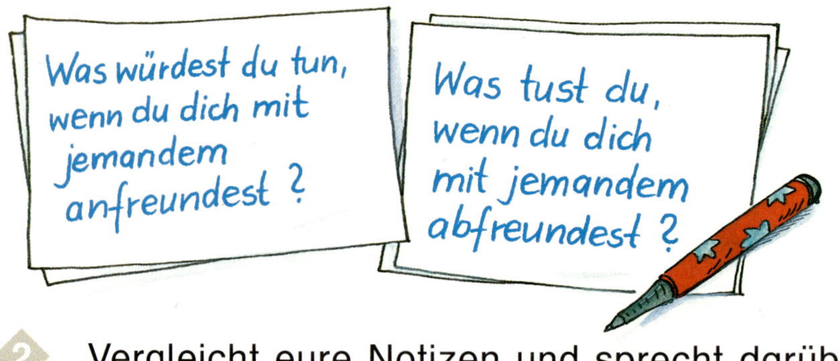

2. Vergleicht eure Notizen und sprecht darüber.

Das kleine große Mädchen

Uri Orlev, Jacky Gleich

Daniela war ein kleines Mädchen. [...]

Sie war sehr viel kleiner als ihr Vater und ihre Mutter. [...]

Manchmal traf Daniela ihre Tante Orit, die sagte jedes Mal: „Oh! Du bist aber groß geworden!“ Doch Daniela wusste, dass sie klein war, und das ärgerte sie.

Bis Daniela eines Nachts aufwachte und plötzlich sehr groß war. Groß und breit. Sie stieg aus dem Bett und lief mit langen Schritten zum Schlafzimmer ihrer Eltern. Der Vater und die Mutter schliefen und lagen so klein in ihrem Bett, dass Daniela in ein lautes Lachen ausbrach.

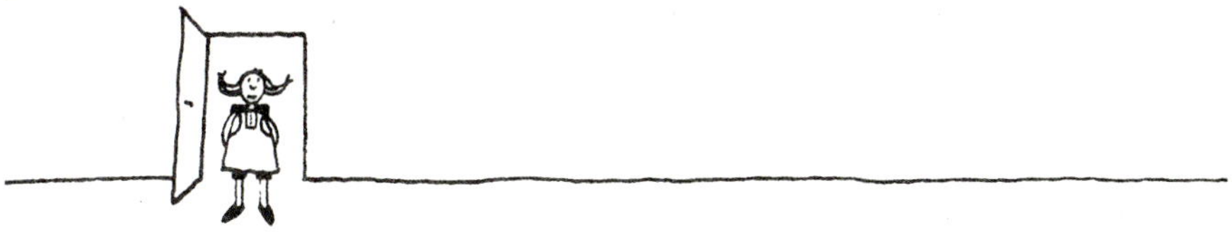

Wenn meine Eltern streiten

Angela Sommer-Bodenburg

Wenn meine Eltern streiten,
dann hätt ich gern viel Geld,
um einfach wegzureiten
bis an den Rand der Welt.

Eva

Hans Manz

Eva ist beim Großvater.
Immer am Mittwoch nach dem Essen.
Vater und Mutter arbeiten im Laden.
Es ist ein Kleiderladen.
Die Großmutter sitzt an der Kasse.
Auch der Großvater arbeitet,
aber daheim.
Er hütet Eva.
Er liebt diese Arbeit.
Und Eva mag es,
wenn der Großvater allein ist mit ihr.
Er hat dann Augen und Ohren nur für sie.
[...]

Von Katzen, Hunden und anderen Tieren

Was machen diese Katzen?

A

B

C

D

E

F

Welches Bild passt zu welchem Text?

1. Die Katze schleicht sich vorsichtig an.
   Ihre Ohren sind nach vorn gerichtet.
   Ihre Schnurrhaare stehen ab.
2. Die Katze liegt am Boden.
   Sie ist sehr aufmerksam und beobachtet etwas genau.
3. Die Katze trägt ihr Junges im Maul.
   Sie tut ihm dabei nicht weh.
4. Die Katze liegt auf einer Bank.
   Sie ist entspannt und friedlich.
5. Die Katze pflegt und reinigt ihr Fell
   mit der Zunge.
6. Eine kleine Katze geht auf Entdeckungsreise.

Die Ergebnisse:

Die ersten Wochen der Kätzchen

Katzenbabys wiegen bei der Geburt 70–130 Gramm.
Weil das Fell so kurz ist, sehen sie nackt aus.
Neugeborene Kätzchen können nicht sehen
und nicht hören.
Aber sie können ihre Mutter riechen.
Katzenbabys saugen die Milch der Katzenmutter.
Sie haben noch keine Zähne.
Laufen können sie auch noch nicht.
Nach etwa zehn Tagen öffnen die Kätzchen die Augen.
Nach drei Wochen fangen sie an zu laufen.
Mit ihren Geschwistern erkunden sie neugierig
die Welt um ihr Körbchen herum.
Jetzt wachsen auch die Milchzähne.
Die kleinen Katzen können nun feste Nahrung fressen.
Nach drei bis vier Monaten sind die Kätzchen selbstständig.
Dann können sie ohne ihre Mutter und Geschwister
in ein neues Zuhause wechseln.

Eine Tierkartei anlegen

1 Du liest etwas Interessantes über ein Tier.
Damit du das Wichtigste gut behältst,
legst du eine Karteikarte an,
zum Beispiel eine Katzenkarte.

- Lies den Text über die Kätzchen auf Seite 52.
- Schreibe auf die Karteikarte,
  was du nicht vergessen willst.
- Male etwas dazu oder klebe ein Foto auf die Karte,
  damit sie schöner wird.
  Mache das jedes Mal,
  wenn du etwas über ein Tier liest.
  So wird sich allmählich dein Karteikasten füllen.

2 Jeder kann sich einen Karteikasten einrichten.
Ihr könnt aber auch einen gemeinsamen Kasten
in der Klasse anlegen.
Dann ist es gut,
den Namen auf deine Karten zu schreiben.

Mein Meerschweinchen

Marie König (Schülerin)

Ich habe ein süßes Meerschweinchen.
Sein Name ist Flecki.
Flecki heißt es, weil es weiß ist und braune Flecken hat.
Jeden Tag, wenn ich aus der Schule komme,
renne ich sofort zu Flecki.
Mein Meerschweinchen frisst sehr gern Karotten.
Jeden Tag gebe ich ihm eine Karotte.
Meistens muss Flecki im Käfig bleiben,
denn das ist sein Zuhause.
Wenn ich Flecki frei durch die Wohnung laufen lasse,
muss ich aufpassen, dass er nicht die Kabel annagt.
Am liebsten ist Flecki im Garten.
Dort sucht er sich zum Fressen Löwenzahn.
Wenn er den gefunden hat, frisst er ihn schnell auf
und versteckt sich sofort wieder in seiner Lieblingsecke.

1. Erzähle auch von einem Tier, das du magst.

2. Male ein Bild von deinem Lieblingstier.

Das Meerschweinchen als Haustier

Meerschweinchen sind beliebte Haustiere. Sie stammen aus Südamerika. Dort leben sie in Felsspalten oder Erdlöchern. Vor vielen Jahren kamen die ersten Meerschweinchen mit Seefahrern nach Europa.

Meerschweinchen sind friedliche Tiere. Sie greifen nicht an und beißen nicht. Wenn du dich viel mit ihnen beschäftigst, werden sie bald zutraulich. Dann pfeifen oder quieken sie, wenn du nach Hause kommst.

Meerschweinchen fressen Getreidekörner, Heu, frisches Grünfutter, Gemüse und Obst. Zum Nagen brauchen sie auch Zweige von Weiden oder Birken. Als Käfig genügt eine größere Holzkiste. Darin sollte auch ein Schlafhäuschen sein. Meerschweinchen sind gesellig und nicht gern allein. Deshalb ist es gut, zwei Meerschweinchen zu halten.

1 Lies den Text genau und beantworte die Fragen:
- Woher stammen Meerschweinchen?
- Wie begrüßen Meerschweinchen die Menschen, die sie gut kennen?
- Warum sollte man zwei Meerschweinchen zusammen halten?

2 Wenn du mehr über Meerschweinchen wissen möchtest, kannst du im Internet nachschauen. Gib dazu in die Suchmaschine www.blinde-kuh.de das Stichwort *Meerschweinchen* ein.

Die ersten Wochen der Meerschweinchen

Gewicht bei der Geburt	50–100 Gramm
Fell	kurz und dicht
Sehen	von Geburt an
Hören	von Geburt an
Riechen	von Geburt an
Zähne	Zähne wachsen schon im Mutterleib
Futter	Milch von der Zitze der Mutter und feste Nahrung von Anfang an
Laufen	sofort nach der Geburt
Trennung von der Mutter	nach 3 Wochen

Einen Vortrag halten

1. Wenn du einen Vortrag über Meerschweinchen halten willst, kannst du dich so vorbereiten:

Seite 55 und die Tabelle auf Seite 56 genau lesen

Eigenen Text schreiben

Überarbeiten

Schön und übersichtlich aufschreiben

Das Vortragen üben

Vortragen

Wir werden Experten für ein Haustier

1 Setzt euch mit einem anderen Kind zusammen.
Sucht euch ein Tier aus,
über das ihr euch informieren wollt.

2 Nun überlegt, was ihr über das Tier wissen wollt.
Schreibt immer nur eine Frage oben auf ein leeres Blatt, zum Beispiel:

Was frisst ein Hamster?

Welche Pflege braucht der Hamster?

3 So könnt ihr euch informieren:

- Andere Kinder befragen

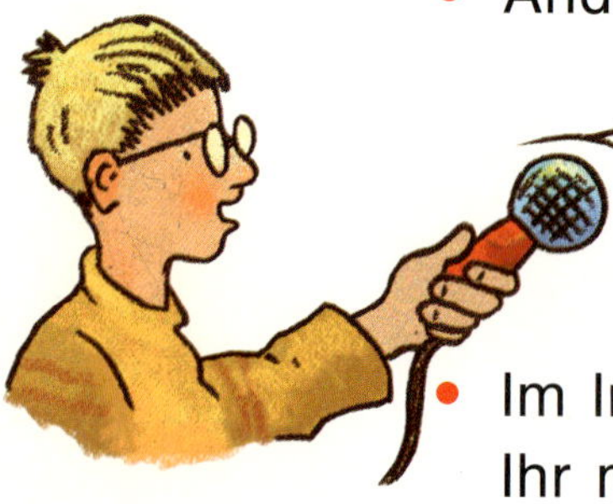

- Im Internet nachsehen
  Ihr müsst das Tier angeben, das euch interessiert.

  www.blinde-kuh.de

- Bücher aus der Bücherei ausleihen
  Hier sind einige Buchtipps:

4 Nehmt euch Zeit zum Lesen der Bücher und der Seiten aus dem Internet. Findet ihr Antworten auf eure Fragen, markiert die Seiten mit Klebezetteln.

5 Dann beginnt mit dem Aufschreiben auf die vorbereiteten Blätter. Manchmal könnt ihr auch etwas dazu malen. Oder ihr habt ein Foto, das dazu passt. So kann dann eine Seite aussehen:

6 Klebt die fertigen Blätter auf ein Plakat oder bindet sie zu einem Buch. Bei einem Vortrag könnt ihr eure Ergebnisse zeigen.

Eine Begegnung im Park

Monika Hartig

Wie immer nimmt Silvie den Weg durch den Park. Das Laub an den Büschen und Bäumen wird schon bunt. An manchen Stellen leuchtet es in der Sonne wie Gold. Plötzlich kommt aus dem Unterholz ein Schatten und springt auf sie zu. Wie gelähmt vor Schreck bleibt Silvie stehen. Es ist ein Hund! Er sieht so struppig und verwahrlost aus, als würde er schon seit Monaten herumstreunen. Wenn er beißt oder gar die Tollwut hat? Mit klopfendem Herzen versucht sich Silvie rückwärts davonzuschleichen. Doch der Hund folgt ihr mit tapsigen Bewegungen. Er scheint noch sehr jung zu sein. „Sch, sch!“, macht Silvie und stampft mit dem Fuß auf. Da bleibt der Hund stehen und mustert sie wachsam. Das eine seiner Ohren hat er nach vorn gelegt. Silvie muss trotz ihrer Angst lachen, weil er so verwegen und drollig aussieht. Plötzlich verspürt sie Mitleid mit dem Hund. Ihr Pausenbrot fällt ihr ein, das sie nicht gegessen hat. Rasch holt sie es aus der Schultasche und wirft es ihm zu. Dann rennt sie davon, so schnell sie kann. Als Silvie sich an der Wegbiegung noch einmal nach dem Hund umschaut, sieht sie, dass er sich auf ihr Brot gestürzt hat und es gierig verschlingt. Erleichtert atmet sie auf. Jetzt wird er sie bestimmt nicht mehr verfolgen. [...]

Unbekannte Wörter klären
Einen Hund beschreiben
Eine Geschichte fortsetzen

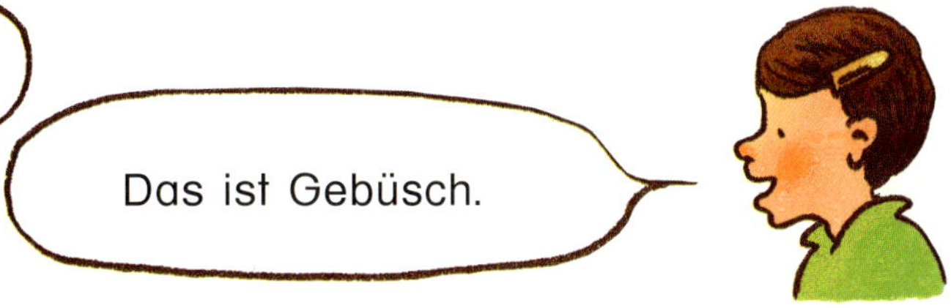

1 Manchmal liest du Wörter,
die du nicht gleich richtig verstehst.
Was bedeuten die unterstrichenen Wörter?
Sprich mit einem anderen Kind darüber.

Zeile 7: verwahrlost:
a) er ist schmutzig und struppig
b) er ist böse und bissig

Zeile 8: herumstreunen:
a) ohne Herrchen herumirren
b) fröhlich herumlaufen

Zeile 14: mustert:
a) er kneift die Augen zu
b) er schaut sie neugierig an

Zeile 17: verwegen:
a) ängstlich und böse
b) mutig und frech

Gibt es noch andere Wörter in der Geschichte,
die du nicht verstehst?

2 Wie sieht dieser Hund eigentlich aus?
Und was tut er? Erzähle.

3 Wie mag die Geschichte wohl weitergehen?
Wird der Hund Silvie weiter verfolgen? Oder?
Denke dir einen Schluss aus.

4 Kennt ihr noch mehr Tiergeschichten?

Franz Marc: Liegender Hund im Schnee.

Philipp und sein Hund

Antoinette Becker

Heute regnet es, die Straße glänzt. Es ist ungemütlich. Philipp sagt: „Es regnet, muss ich denn mit Bubu raus?" „Es regnet nicht mehr", sagt Mutter, „es ist nur feucht und widerlich. Aber Bubu muss laufen." Philipp mault: „Dieser blöde Hund, der kann doch in der Küche laufen." Aber er geht doch mit Bubu spazieren. Er ist schlechter Laune, er wollte doch mit Kolja spielen. Ihn friert. „Immer muss man was." Da dreht Bubu den Kopf und schaut ihn so nett an, dass Philipp sich bückt und den nassen Bubu plötzlich streichelt.

1. Warum will Philipp nicht mit dem Hund spazieren gehen? Warum kann Bubu nicht warten?

2. Wie ist es, wenn du etwas tun musst und keine Lust dazu hast?

Überraschung

Helga Schön

Mara geht zur Garage. Sie will ihr Fahrrad holen. Aus der Garage kommen Geräusche. Sie hört ein Scharren und ein Miauen. Langsam öffnet sie die Tür. Eine fremde Katze streicht um ihre Beine herum. Sie miaut laut. Ob die kleine Katze Hunger hat? Mara geht zurück ins Haus. Sie will der Katze etwas zu fressen holen. Die Katze folgt ihr und miaut ohne Unterlass. Mara füllt Wasser in eine Schale. Aber die Katze mag das Wasser nicht. Mara schüttet Milch dazu, und jetzt trinkt sie. Als die Katze fertig ist, legt sie sich auf das Sofa, putzt ihr Fell und schläft ein. Was soll Mara mit der Katze machen? Sie geht zum Telefon und ruft ihre Freundin Leyla an. Sie erzählt ihr von der Katze. Leyla erinnert sich an einen Zettel, der am Baum vor der Schule hängt. Sie will wissen, wie die Katze aussieht. „Sie ist schwarz und hat einen weißen Fleck um das rechte Auge herum.“ „Oh, diese Beschreibung könnte zu dem Zettel passen! Ich hole ihn und komme zu dir.“ Mara wartet. Die Katze schläft auf dem Sofa. Jetzt kommt Leyla mit dem Zettel.

1 Was werden Mara und Leyla jetzt machen?

Einen Text fortsetzen

Die Welt um uns herum

Anita Albus: Der Waldboden.

Ich habe neun Tiere entdeckt.

Kennst du die Namen einiger Pflanzen?

Die größte Pflanze der Welt

Lars Klinting

Gibt es etwas Wohligeres,
als an einem warmen Sommertag
unter einem großen Baum im Schatten zu liegen?
Einfach dazuliegen und in die Laubkrone hinaufzuschauen
und in die Blätter, die im Wind rascheln?
Wenn es zu regnen anfängt,
kann man ruhig liegen bleiben,
weil der Baum sowohl vor der Sonne
als auch vor dem Regen schützt.
Wenn es ein großer Kletterbaum ist,
kannst du hinaufklettern
und dich im Laub verstecken
wie in einer grünen Hütte.
Vielleicht ist ja einer der Äste stark genug,
dass man eine Schaukel aufhängen kann.
Liegen trockene Zweige auf der Erde,
kannst du sie mit nach Hause nehmen
und damit Feuer machen
zum Heizen oder Kochen.
Wenn es ein Apfelbaum ist,
kannst du dich satt essen.
Wie du siehst, kann man einen Baum zu vielem gebrauchen,
und das weiß der Mensch seit Jahrtausenden.
Das harte Holz des Baumes
wird zum Bauen von Häusern,
Schiffen und Möbeln verwendet.
Man pflanzt Bäume
wegen ihrer guten und nahrhaften Früchte.
Oder man pflegt sie in Parks und Gärten,
weil sie schön anzuschauen sind.

Abenteuer in der Nacht

Hans Manz

Hatte mich im Wald verirrt,
fragte mich durch.
Die Antwort eines Spechts:
Erst links, dann rechts.
Der Rat eines Finks:
Erst rechts, dann links.
Nein, doch gradaus,
sprach eine Meise,
sonst gehst du im Kreise.
Ach wo, bleib doch hier,
sagte ein Spatz,
in meinem Nest war noch Platz.
Das brachte mich zum Lachen,
und das Lachen ließ mich erwachen.

Der Wald

Ungenannte Autorin

Im Wald wachsen nicht nur Bäume. Unter den Bäumen und am Waldrand siehst du Büsche, Farne, Gräser, Klee, Moose und Pilze. In den Bäumen nisten Vögel. Rehe, Wildschweine, Dachse und Füchse leben im Wald.

Wenn du den Waldboden genau betrachtest oder etwas Erde hochhebst, kannst du kleine Tiere entdecken: Ameisen, Käfer, Spinnen, Würmer und Schnecken. Die Bäume schützen mit ihrem Blätterdach all diese Pflanzen und Tiere vor zu viel Regen, Wind und Sonne. Für uns Menschen ist der Wald wichtig. Wir können im Wald wandern und uns darin erholen. Die Blätter und Nadeln der Bäume geben Sauerstoff ab, den wir zum Atmen benötigen. Und sie reinigen die Luft von Staub und Ruß. Der Waldboden nimmt das Regenwasser wie ein Schwamm auf. Langsam sickert das Wasser durch die Erde und wird dabei gereinigt. Es sammelt sich als Grundwasser. Daraus wird neues, sauberes Trinkwasser für uns Menschen.

Mit meinem Opa sammle ich Pilze im Wald.

Ich habe ein Baumhaus in einer Buche am Waldrand.

1 Ein Satz ist falsch:
a) Im Wald wachsen Pilze, Moose, Gräser.
b) Die Blätter der Bäume geben Sauerstoff ab.
c) Das Regenwasser sickert durch den Waldboden und wird dabei schmutzig.

2 Warum ist der Wald so wichtig?
Schreibe dazu einige Sätze:
Der Wald reinigt das Regenwasser.
Die Bäume . . .

Einem Text Informationen entnehmen
Richtige Sätze finden

Auch Bäume können krank werden und sterben

Ungenannte Autoren

Bäume gehören zu den größten und ältesten Lebewesen der Erde. Aber auch Bäume können krank werden und sterben. Manche werden bis zu tausend Jahren alt, andere sterben schon nach fünfzig Jahren. Das hat die Natur so eingerichtet.

Kranke Bäume sterben noch früher. Doch wovon werden sie krank? Sie können sich genau wie wir Menschen anstecken: mit Krankheitserregern und Pilzen, und manche bekommen Krebs.

Manchmal machen ihnen auch die Insekten zu schaffen. Raupen fressen die Blätter, Käfer das Holz unter der Rinde. Rehe knabbern die jungen Triebe und die Rinde ab. Dann wird der Baum krank und kann davon sterben.

Am meisten zu leiden haben die Bäume aber unter den Menschen. Bäume brauchen viel Wasser an ihren Wurzeln, um sich zu ernähren. Wenn aber die Erde um einen Baum herum mit Beton zugedeckt wird, dann bekommt der Baum nicht mehr genug Wasser. Bäume brauchen auch saubere Luft für ihre Blätter. Wenn aber die Luft voll Autogas und Rauch aus den Fabriken ist, dann bekommt der Baum nicht mehr genug reine Luft. Das kann Bäume so krank machen, dass sie vertrocknen.

Verdorrte Bäume sehen traurig aus. Sie spenden keinen Schatten mehr, sie geben uns nichts mehr von ihrer guten Luft ab, sie halten das Wasser nicht mehr im Boden fest. Sie werden so trocken, dass ein einziger Blitz einen ganzen Wald anzünden kann.

Wenn ganze Wälder sterben, dann geht es auch den Menschen schlecht. Denn die Menschen brauchen den Wald zum Leben.

Hainbuche.

1. Was kann Bäume krank machen?

2. Was geben uns die Bäume?

3. Schau dir einmal Bäume in deiner Umgebung genau an. Sehen sie noch gesund aus? Findest du Bäume, die krank aussehen?

Lebensraum Wald

Eichhörnchen leben in den Bäumen.
Oben in den Ästen bauen sie Nester.
Mit großer Geschwindigkeit springen sie von Ast zu Ast.
Eichhörnchen fressen Samen, Nüsse und Früchte,
aber auch Eier von Vögeln.
Im Herbst sammeln sie Vorräte für den Winter und verstecken sie.

Eichelhäher warnen alle Waldbewohner mit lauter Stimme.
Das laute „Rrääh, Rrääh" kannst du im Wald oft hören.
Im Herbst sammeln sie Eicheln und verstecken sie überall im Wald.
Sie finden aber im Winter nicht alle Verstecke wieder.
Aus den restlichen Eicheln wachsen neue Bäume.

Wildschweine sieht man selten im Wald. Erst in der Dämmerung kommen sie hervor und suchen Futter.
Hungrige Wildschweine graben mit ihren Rüsseln im Waldboden.
Sie fressen Pflanzen, Samen, Schnecken, Würmer und Insekten.
Sie sind Allesfresser.
Am durchwühlten Waldboden kannst du erkennen, dass Wildschweine da waren.

Auf dem Waldboden kannst du die **Waldameisen** entdecken. Sie suchen nach Nahrung und Baumaterial für ihren Ameisenbau. Ameisen krabbeln in die höchsten Baumkronen. Dort sammeln sie den süßen Honigtau von Blattläusen. Den Tau tragen sie in den Ameisenbau und füttern damit den Nachwuchs.

Rehe sind scheue Tiere.
Bei Geräuschen laufen sie sofort davon.
Wenn du Rehe sehen willst, musst du also besonders leise sein.
Männliche Tiere haben ein Geweih. Einmal im Jahr werfen sie es ab. Danach wächst ein neues Geweih.
Rehe fressen Gras und junge Laubbäume.
Damit verhindern sie, dass neue Bäume wachsen können.

1 Beantworte diese Fragen:

a) Wie sehen die Spuren der Wildschweine im Wald aus?
b) Wo bauen Eichhörnchen ihre Nester? Baum
c) Was fressen Rehe? Gras Laubbäume
d) Was machen die Waldameisen oben in den Bäumen?
e) Wie pflanzen die Eichelhäher Bäume? Samen

Wenn ich einen Garten hätte

Ursula Wölfel

Mein Garten ist wie ein Wald, wie ein Urwald.
Ringsum ist alles zugewachsen,
man kann nicht von der Straße hineinsehen.
In der Mitte ist eine Wiese mit Blumen,
aber es gibt keinen Weg und keine Beete.
Ein Bach läuft durch meinen Garten,
und am Ufer wachsen Schwertlilien.
Und dann habe ich eine Hütte in meinem Garten,
nein, eigentlich zwei.
Eine ist oben in einem Baum,
man muss mit einer Strickleiter hinaufklettern.
Dort sitze ich manchmal und lese.
Die andere Hütte steht zwischen den Bäumen, in einem Wald,
ein kleines Blockhaus ist das.
Drinnen gibt es nur ein Heulager, eine Bank und einen Tisch.
Einen Ofen habe ich auch, damit ich mir etwas kochen kann.
Neben der Hütte ist nämlich der Gemüsegarten,
da habe ich Radieschen und Salat gepflanzt
und Möhren und Erbsen, auch ein paar Kartoffeln.
Meistens zünde ich den Ofen in der Hütte gar nicht an,
draußen habe ich nämlich eine Feuerstelle,
nur aus Steinen mit zwei Astgabeln,
in die man den Kochtopf hängen kann.
Abends ist es besonders schön in meinem Garten.
Dann rauschen die Bäume,
und ich sitze mit meinen Freunden am Feuer,
und wir singen und erzählen uns Geschichten.
Dann gehen sie nach Hause, und ich schlafe in meiner Hütte,
und draußen glüht das Feuer noch ein bisschen,
und ich habe keine Angst, wenn die Nachtvögel schreien.

Morgens wasche ich mich am Bach und koche mir Kaffee.
Dann arbeite ich in meinem Garten.
Oder ich sitze oben in meinem Baumnest und lese.

Henri Rousseau: Exotische Landschaft mit Affen und einem Papagei (1908).

1 Wie sieht dein Wunschgarten aus? Erzähle.
Du kannst deinen Garten auch malen.

Von Burgen, Türmen und Häusern

Dieses Haus für Kinder hat die Künstlerin **Niki de Saint Phalle** gebaut. Es ist ein Haus mit Spielzimmer, Küche, Bad, Schlafräumen und einer Rutschbahn.

Mein Luftschloss

Roswitha Fröhlich

Dort hab ich alles,
was ich brauch,
sogar ein Pferd zum Reiten.
Und einen Diener
hab ich auch
für meine Schularbeiten.

Turm mit Baumklosett

Erwin Moser

Dieser Baum ist in den Turm hineingewachsen.
Oder aber, der Turm ist in den Baum hineingewachsen.
Das gibt's!
Du glaubst es nicht? Na, ganz einfach, stell dir vor,
der Turm war ursprünglich ein großer Pilz,
und jemand ist eines Tages vorbeigekommen
und hat sich gedacht:
Dieser Pilz gefällt mir.
Der sieht aus wie ein Turm.
Wenn ich da eine Tür hineinschneide und ein Fenster,
kann ich drin wohnen!
Na ja, und das hat dieser Jemand dann gemacht.
So könnte es doch gewesen sein?
Sieht lustig aus, nicht?
Besonders das Baumklosett
würde ich gerne einmal benützen!

Türme

A Der steht an der Küste. Bei Dunkelheit blinkt von der Spitze ein Lichtsignal. Das soll Schiffe warnen, nicht zu nahe an die Küste heranzufahren.

B Der ist Teil einer Burg. Von seiner Spitze hat man einen weiten Blick ins Land. So konnten früher Feinde rechtzeitig entdeckt werden. Die Burgbewohner hatten Zeit, sich auf einen Angriff vorzubereiten. Wurde die Burg von Feinden erstürmt, zogen sich die Bewohner in den Turm zurück.

C Vom werden die Funkwellen für Fernsehen, Radio und Handys gesendet. Die Türme müssen sehr hoch sein, damit die Funkwellen weit reichen.

D Ein steht meist auf einem hohen Berg. Wanderer steigen hinauf, um sich von dort oben die Landschaft anzusehen.

E Der ist ein Teil der Kirche. Oben im Turm hängen die Glocken. So kann das Läuten überall gut gehört werden. Früher waren diese Türme die höchsten Bauwerke in den Dörfern und Städten.

1

2

3

Die Namen der Türme: Aussichtsturm
Burgturm oder Burgfried,
Fernsehturm oder Fernmeldeturm
Kirchturm oder Glockenturm
Leuchtturm

1 Schreibe die Namen der Türme auf kleine Zettel und lege sie zu dem passenden Text.
Schreibe die Nummer des Bildes dazu.

2 Kennst du noch einen anderen Turm?
Schreibe auf, wofür er gebraucht wird.
Male ein Bild von diesem Turm dazu.

4

5

Was Tom gemacht hat

Aliki

Was Peter gemacht hat

Aliki

Tiere bauen

Um sich vor der Kälte oder vor Feinden zu schützen, bauen sich viele Tiere eine Behausung. Darin wachsen die Jungtiere auf. Als Baumaterial dient alles, was in der Natur vorkommt:
Gras, Erde, Lehm, Holz, Steine und Schnee.

1 Sie lebt am Nordpol. Im Herbst, wenn es kälter wird, gräbt sie einen langen Gang in den Schnee. Am Ende des Tunnels entsteht eine Höhle, die groß genug zum Ausruhen ist. Mitten im Winter werden hier die Jungen geboren. Sie säugt sie. Die Tiere bleiben die ganze Zeit unten im Schnee.
Erst wenn der arktische Winter zu Ende geht,
verlässt sie mit den Jungen die Höhle und sucht Futter.

2 Mitten im Wasser bauen sie ihre Burg aus Steinen und Ästen. Mit ihren starken Zähnen können sie Bäume fällen und das Baumaterial heranschleppen. Der Eingang zur Burg liegt unter Wasser. Jeder, der dort eindringen will, muss gut tauchen können. Vom Eingang führt ein Tunnel schräg nach oben zur Wohnung, die im Trocknen liegt.
Hier werden die Jungen geboren.

3 Sie fliegen herum und suchen lehmige Erde. Die vermischen sie mit Speichel und Halmen. Der Brei wird an ein Gebäude geklebt, am besten an einen Stall. Mit ihren Schnäbeln formen sie ein halbrundes Nest. Wenn der Lehm hart geworden ist, polstern sie das Nest mit Gräsern und Federn. In dieses weiche Nest kommen die Eier.

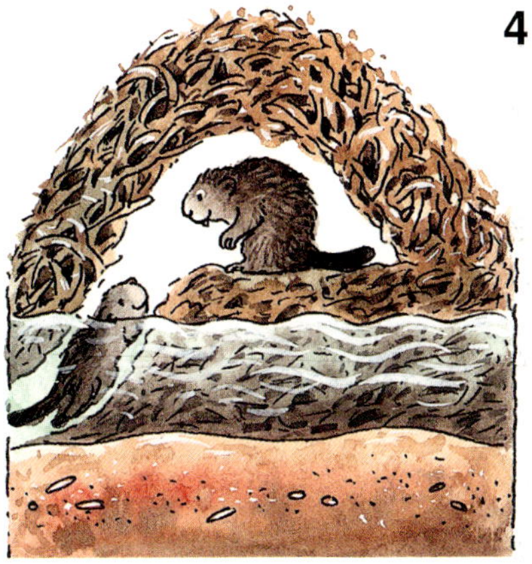

4 Er lebt unter der Erde. Mit seinen Vorderbeinen gräbt er Gänge und Höhlen. Das Nest für die Jungen polstert er mit Gras und Blättern aus. Er frisst Würmer und Larven, die er in der Erde findet. Die Erde aus den Gängen häuft er nach oben in die Wiese. An den Hügeln in der Wiese erkennst du, wo er gerade gräbt.

1. Hier ist beschrieben, wie Biber, eine Eisbärin, ein Maulwurf und Schwalben ihre Behausungen bauen. Erkennst du, wer zu welchem Bau gehört?

2. Zwei Sätze sind falsch:
   a) Die Eisbärin verbringt den Winter mit ihren Jungen in einer Schneehöhle.
   b) Aus Lehm und Speichel bauen die Schwalben ein dreieckiges Nest.
   c) Der Maulwurf gräbt mit seinen Hinterbeinen Gänge und Höhlen.
   d) Mit ihren starken Zähnen können die Biber Bäume fällen.

Texte und Bilder einander zuordnen
Informationen aus Texten entnehmen

Hexe Lilli

KNISTER

Das ist Lilli. Sie findet eines Tages ein Hexenbuch neben ihrem Bett. Klar, dass sie es gleich ausprobieren will. Sie möchte einen Zauberspruch entdecken, um ihre Hausaufgaben zu zaubern. Lilli schließt schnell ihre Zimmertür zu, um allein zu sein. Doch da pocht ihr kleiner Bruder Leon an die Tür. Er will wissen, was Lilli macht. Lilli öffnet die Tür. Da entdeckt Leon das Buch! Er fordert, dass Lilli ihm etwas vorliest.

„Ich hab' es dir doch schon gesagt,
das ist kein Vorlesebuch!"
„Warum? Was steht denn da?", bohrt Leon weiter.
Da liest Lilli irgend etwas vor, nur damit er Ruhe gibt.
Sie beginnt mitten auf der Seite, die Leon aufgeschlagen hat:
„Drei Runden um dies Buch noch hetzen,
erst dann darfst du dich wieder setzen.
Jetzt brauchst du nur noch Sonnenschein,
dann wird der Zauber tierisch sein!
Nur nicht ängstlich,
nur nicht bang …
… zieh' ich dir die Ohren lang …",
dichtet Lilli die letzte Zeile einfach selbst weiter.
Dabei zieht sie ihren Bruder am Ohr.
Aber o Schreck! Was ist das?

Leon wachsen plötzlich zwei riesige Hasenohren.
Lilli traut ihren Augen nicht.
„Das – das gibt es doch nicht“, stammelt sie.
Aber das gibt es.
Leon hat Hasenlöffel, größer als sein ganzer Kopf.
„Was ist los?“, will Leon wissen. Er hat noch gar nichts bemerkt.
Da fasst Lilli Leons Hände und legt sie an seine Ohren.
Und Leon? Der tastet, fühlt … und ist begeistert.
„Oh, richtige Puschelohren! Du kannst ja zaubern!“
Lilli ist gar nicht so begeistert.
„Was soll ich jetzt machen?“, fragt sie kleinlaut.
„Na, einfach wieder wegzaubern“, meint Leon.
Aber er fügt gleich hinzu: „Halt, jetzt noch nicht!
Die will ich erst Mama zeigen!“
Lillis Herz pocht wild. Sie weiß ja gar keinen Zauberspruch, mit dem die Ohren wieder verschwinden.
Vielleicht muss Leon tagelang mit Hasenlöffeln herumlaufen, bis Lilli einen Gegenzauber findet?
Oder sogar für immer?
Wie soll sie das bloß Mama erklären?
Lilli versucht, an Leons Ohren zu ziehen.
Aber die sitzen fest, wie angewachsen.
Die Ohren müssen weg! Und zwar bevor Mama zurückkommt.
Nur wie? […]

1 Was macht Lilli nun?

2 Was könnte noch alles passieren?
Wenn du neugierig geworden bist, kannst du in dem Buch weiterlesen.

Mein Name ist KNISTER, das heißt auch wieder nicht ganz, denn eigentlich heiße ich Ludger Jochmann. Aber so nennen mich fast nur noch meine Eltern.

Als KNISTER bin ich viel bekannter, weil ich unter diesem Namen Geschichten für Kinder schreibe. Die schreibe ich am Computer: an einem großen, der bei mir zu Hause in Wesel am Niederrhein steht, und an einem kleinen auf einem Segelboot, mit dem ich durch die Nord- und Ostsee schippere.

Aus manchen meiner Geschichten werden Hörspiele für das Radio oder Kassetten gemacht. Aus anderen entstehen kleine Fernsehfilme und eine Zeichentrickserie, aber aus den meisten macht man Bücher.

Meine bekanntesten Bücher sind die von „Hexe Lilli". Sie sind inzwischen in dreißig verschiedene Sprachen übersetzt. Zum Glück gibt es in allen Ländern Menschen, die Deutsch sprechen und dafür sorgen können, dass man meine Bücher auf der ganzen Welt lesen kann. Einige englischsprachige Ausgaben gibt es übrigens auch in Deutschland. Sie sind so geschrieben und übersetzt, dass ihr sie wirklich ganz leicht selber lesen könnt, zum Beispiel „Lily the Witch: Trouble At School".

Auf die Bücher von Hexe Lilli bin ich gekommen, weil ich als Kind nicht gern Hausaufgaben gemacht habe. Da habe ich mir

Zwei kleine Hexelein verfolgten mal ein Schwein,
das eine jagt' das andere fort
und blieb nun ganz allein.

Ein kleines Hexelein, das langweilte sich sehr,
da hexte es sich selber weg,
und jetzt gibt's keines mehr.

1 In diesem Hexengedicht sind Zahlen versteckt.

2 Das Hexengedicht könnt ihr gemeinsam singen und auch spielen. Teilt euch auf in Sänger und Spieler.

3 Dieses Gedicht könnt ihr auch gemeinsam im Chor lesen. Dabei spricht die ganze Klasse immer den ersten Vers einer Strophe und ein einzelnes Kind spricht die beiden anderen.

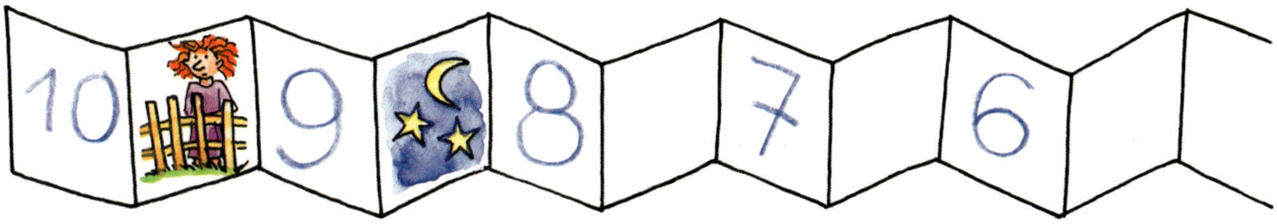

→ Gedichte-Werkstatt, Seite 150: Fachwörter, die du immer wieder brauchst

Vampire flattern durch die Nacht

Annika Groll (Schülerin)

Vampire flattern durch die Nacht
zum großen Vampirfeste,
die Fledermäuse halten Wacht,
es kommen viele Gäste.

Sie fletschen die Zähne
und tanzen im Kreis,
es wirbelt die Mähne
– gegessen wird Eis.

Sie johlen laut mit viel Geschrei,
das Vampirkind wird 104.

1 Welche verrückten Dinge können die Vampire noch auf ihrem Fest anstellen?

Dracula-Rock

Melodie und Text: Fredrik Vahle

2. Er hat die Ringelsocken an
und tanzt so schaurig schön, der Mann.
Die Fledermäuse wundern sich.
So kennen sie ihr Herrchen nicht.
Bei Nacht, bei Nacht, bei Nacht, bei Nacht,
im Schi-Scha-Schubidupp Mondenschein.

3. Nur einmal ist er so geschafft.
Er trinkt statt Blut nur Traubensaft.
Dann springt er wieder auf wie toll.
Wer ist der King beim Rock'n'Roll?
Herr Dracula, Herr Dracula,
im Schi-Scha-Schubidupp Mondenschein.

Das Traumfresserchen

Michael Ende

Im Schlummerland ist das Wichtigste
für alle Leute das Schlafen.
Deshalb heißt das Land so.
Prinzessin Schlafittchen von Schlummerland
will aber nie ins Bett gehen. Warum?
Weil sie so oft böse Träume hat.
Kannst du dir vorstellen, wie schlimm das ist?
Der König geht daher in die Welt hinaus,
um ein Mittel gegen Schlafittchens böse Träume zu suchen.
Und er trifft nach sehr langer Zeit ein seltsames Männchen.

Aber das Allerseltsamste an ihm war sein ungeheuer großer Mund, den es immerfort aufsperrte wie ein hungriger kleiner Vogel seinen Schnabel.
„Ach, wer lädt mich ein? Ach, wer lädt mich ein?“, rief das Männchen immerfort mit einer feinen, knisternden Stimme.
„Ich hab’ so schrecklichen Hunger! Wenn mich nicht bald jemand zum Essen einlädt, dann muss ich mich selbst verschlucken!“

Das seltsame Männchen ist das Traumfresserchen.
Es schreibt dem König diesen Spruch für Schlafittchen auf:

Traumfresserchen, Traumfresserchen!
Komm mit dem Hornmesserchen!
Komm mit dem Glasgäbelchen!
Sperr auf dein Schnapp-Schnäbelchen!
Träume, die schrecken das Kind,
die lass dir schmecken geschwind!
Aber die schönen, die guten sind mein,
drum lass sie sein!
Traumfresserchen, Traumfresserchen,
dich lad’ ich ein!

Der König liest den Spruch laut vor.
Und dann geht alles ganz schnell:

Und kaum hatte er die letzte Zeile aufgesagt, da sauste das Traumfresserchen los, dass die Welt nur so vorbeiflog.

Wie kommt der König wieder nach Hause?

Warum kann Prinzessin Schlafittchen jetzt so gut schlafen?

1 Schau dir die Bilder nacheinander an und erzähle, wie die Geschichte wohl weiter und zu Ende geht.

2 Wie es ganz genau war, kannst du erfahren, wenn du das Buch „Das Traumfresserchen“ von Michael Ende und Annegert Fuchshaber liest.

Willi Wiberg und das Ungeheuer

Gunilla Bergström

Und hier liegt Willi also – wach.
War das ein trauriger Tag. Der Fußball weg.
Und es kam ein bisschen Blut,
als er den Kleinen geschlagen hat …
(Er hat heute jemanden geschlagen, der kleiner ist als er …)
Oh!
Was war das?
War da nicht ein Geräusch?
Hat da nicht etwas geknurrt?
Willi liegt ganz still und lauscht.
Da hat sich doch was bewegt?
Da war es wieder.
Plötzlich begreift er es:
UNTER SEINEM BETT IST EIN UNGEHEUER.
Ein großes, wildes Ungeheuer, das da liegt
und lauert und ihn bewacht …
Er traut sich nicht nachzusehen.
Aber das braucht er auch nicht.
Willi weiß ja, dass das Ungeheuer da ist.

Er liegt lange wach und lauscht,
ob er das Ungeheuer noch hören kann.
Schließlich fällt ihm ein,
dass er dem Kleinen morgen
sein gelbes Spielzeugauto schenken könnte.
Ja! Er wird nett zu dem Kleinen sein.
Gleich morgen nimmt er
das Spielzeugauto mit
und geht zu dem Kleinen und redet mit ihm!
Danach schläft Willi sofort ein
und kümmert sich nicht mehr
um das Ungeheuer unterm Bett.

Zeile 1:
Und hier liegt Willi also – wach.

Warum kann er nicht einschlafen?

Zeile 14:
Unter seinem Bett ist ein Ungeheuer.

Wieso ist es da?

Zeile 29:
Danach schläft Willi sofort ein . . .

Danach?
Was hat Willi sich wohl überlegt?

1 Die Antworten musst du dir überlegen.

Wie die Geschichte angefangen hat
und wie Willi sein Problem lösen wird,
kannst du in diesem Buch nachlesen.

So sind die Olchis

Erhard Dietl

Olchis mögen keine Schokolade.
Und auch kein Eis und keine Bonbons.
Sie mögen keinen Pudding und keine Spaghettis.
Sie mögen überhaupt nichts von den Sachen,
die uns gut schmecken.
Olchis mögen viel lieber scharfe Sachen,
und Fauliges und Bitteres.
Sie kauen gern alte Gummireifen,
knabbern an verrosteten Blechbüchsen
und pudern sich mit einer Dose Pfeffer!
Ihre scharfen Zähne knacken Glas und Metall.
Wenn etwas stinkt, dann sagen sie:
„Mmm! Riecht das aber olchig!“
Sie atmen dann tief ein, so wie wir,
wenn es nach frischem Gras und Bäumen duftet.

Olchis wühlen gern in Müllbergen.
Sie holen sich leckere Sachen aus dem Müll.
Und sie freuen sich, wenn sie etwas finden,
das schön stinkig, grindig und vergammelt ist.
Zum Beispiel eine uralte Flasche
mit einem Rest Haarschampoo.
Das trinken sie besonders gern.
Oder Büchsen mit alten Farbresten und Terpentin
und Benzin.

In dem Buch „Die Olchis sind da" erfährst du noch viel mehr über die Olchis:

Olchis sind unheimlich stark.

… haben die tollsten Ideen.

Olchis waschen sich nie.

Olchis sind ziemlich stinkefaul.

Olchis sind freundliche und nette Wesen.

… drei Hörner.

1. Wie mag es bei den Olchis zugehen, wenn sie spielen, streiten, lernen, verreisen, …?

2. Jedes Kind schreibt dazu zwei, drei Sätze. Setzt daraus eine Geschichte zusammen.

Kinder in anderen Ländern sprechen andere Sprachen

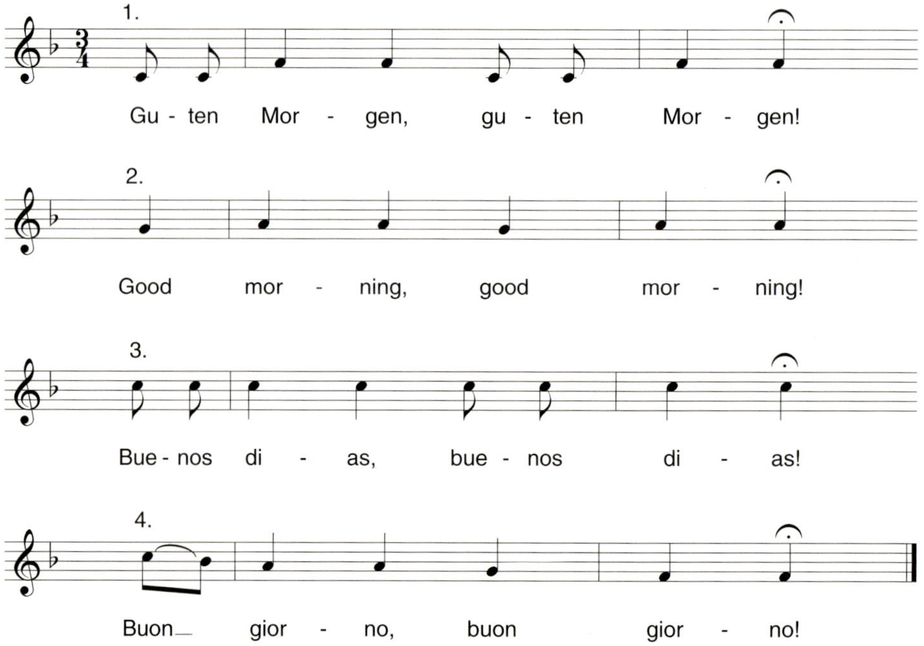

Text: P. Fuchs, W. Gundlach
Melodie: mündlich überliefert

Alle Kinder sagen etwas anderes.
Aber alle Kinder meinen dasselbe.

Wie sagen es Kinder in anderen Ländern?

Morgens zu Hause	deutsch
At home in the morning	englisch
Le matin à la maison	französisch
's morgens a huis	niederländisch

aufwachen
waking up
se réveiller
wakker worden

aufstehen
getting up
se lever
opstaan

Butterbrot essen
eating a sandwich
manger
een broodje eten

Milch trinken
drinking milk
boire du lait
melk drinken

Schulsachen einpacken
putting the schoolthings away
faire son sac d'école
schoolspullen inpakken

die Katze rauslassen
letting the cat out
laisser sortir le chat
de kat naar buiten doen

zum Bus gehen
walking to the bus
aller au bus
naar de bus gaan

in den Bus einsteigen
getting into the bus
monter dans le bus
instappen

zur Schule fahren
driving to school
aller à l'école
naar school rijden

Sprachen

Ursula Wölfel

Eine Familie zog weit weg in eine andere Stadt. Die Kinder gingen gleich am ersten Tag einkaufen. Sie sollten Wurst und Brötchen für die Möbelmänner holen und der Vater brauchte Nägel. Als die Kinder zurückkamen, riefen sie: „Hier gibt es keine Wurst und keine Brötchen! Hier gibt's nur Woscht und Weck! Und Nägel gibt es hier auch nicht, nur Neeschel!" Sie lachten und lachten. Am nächsten Tag lernten sie die Nachbarskinder kennen. Sie fragten: „Darf man hier auf der Straße Rollschuh laufen und seilspringen?" Die Nachbarskinder sagten: „Bei uns uff de Gass derf mer laafe un hippe, wie mer will." […]

In den Ferien reisten die Kinder mit ihren Eltern in ein anderes Land. Sie wohnten dort im Zelt auf dem Campingplatz, und den ganzen Tag spielten sie mit den Kindern aus den anderen Zelten und den Wohnwagen. Das waren Kinder aus Frankreich, England und Italien. Am Anfang konnte keiner den anderen verstehen. Wenn die Kinder aus Deutschland „Baum" sagten, dann sagten die Kinder aus Frankreich: „arbre", und die Kinder aus England sagten: „tree", und die Kinder aus Italien sagten: „albero". Manchmal konnten sich auch alle gut verstehen. Die Kinder aus Deutschland sagten: „Ball", und die Kinder aus Frankreich sagten: „balle", und die Kinder aus England sagten: „ball", und die Kinder aus Italien sagten: „palla". Bald konnte jeder ein paar Wörter aus den anderen Sprachen.

Dann waren die Ferien zu Ende und die Kinder fuhren wieder nach Hause.
Unterwegs fragten sie ihre Eltern:
„WARUM SPRECHEN DIE MENSCHEN VERSCHIEDENE SPRACHEN?“
„Weil sie in verschiedenen Gegenden oder Ländern wohnen“, sagte der Vater.

1. Wie heißen die gelb markierten Wörter bei euch?

2. Male einen Baum und schreibe die Wörter daneben, wie ihn die Kinder in Frankreich, in England und in Italien nennen.

3. Gibt es bei euch in der Klasse noch andere Dinge mit mehreren Namen (Kartoffel, Brötchen, Möhren, Kohlkopf, ...)?

Ferien in Italien

Cornelia Funke

„Was hast du da für einen Zettel?", fragte Mama, als sie abends auf dem Hotelbalkon saßen.

„Rosettas Adresse", sagte Jule und strich den Zettel glatt. „Ich hab ihr meine auch aufgeschrieben. Rosetta ist nämlich weg."

„Rosetta? War das das italienische Mädchen am Strand?", fragte Papa. „Wie willst du der denn schreiben? Und woher weißt du, dass sie weg ist?"

Jule zuckte die Achseln. „Hat sie mir gesagt."

Ihre Eltern guckten sich an.

„Ach ja, wie habt ihr euch denn unterhalten?", fragte Papa spöttisch. „Auf Englisch?"

„Blödsinn." Jule sah ihn ärgerlich an. „Rosetta hat Italienisch geredet und ich Deutsch. Italienisch kitzelt im Bauch, wenn man zuhört. Habt ihr das schon mal gemerkt?"

Hatten sie nicht.

Als Jule nach Hause kam, steckte schon eine Postkarte von Rosetta im Briefkasten. Vorne drauf war Venedig und auf die Rückseite hatte Rosetta ein Herz aus Muscheln gezeichnet. Das hatte sie ziemlich gut hingekriegt, fand Jule. Sie schickte Rosetta die allerallerschönste Karte, die sie von Hamburg finden konnte. Auf die Rückseite schrieb sie: „*Tanti saluti* von Jule“, das hatte sie in Papas Reisewörterbuch nachgeguckt. Darunter zeichnete sie ihr Meerschwein, aber das kriegte sie nicht halb so gut hin wie Rosetta die Muscheln. Also guckte sie noch mal ins Wörterbuch und schrieb *porcellino* drunter – vorsichtshalber.

Bruder Jakob

Melodie und Text: mündlich überliefert

France:
Frère Jacques!
Frère Jacques!
Dormez-vous? Dormez-vous?
Sonnez les matines,
sonnez les matines.
Ding, ding, dong.
Ding, ding, dong.

Frankreich:
Bruder Jacques!
Bruder Jacques!
Schlafen Sie? Schlafen Sie?
Läuten Sie die Frühmette,
läuten Sie die Frühmette.
Ding, ding, dong.
Ding, ding, dong.

England:
Are you sleeping,
are you sleeping,
Brother John? Brother John?
Morning bells are ringing,
morning bells are ringing.
Din, don din. Din, don din.

England:
Schläfst du,
schläfst du,
Bruder John? Bruder John?
Morgenglocken läuten,
Morgenglocken läuten.
Din, don din. Din, don din.

Italia:
Fra Martino, campanaro,
dormi tu, dormi tu?
Suona le campane,
suona le campane.
Din don dan, din don dan.

Italien:
Bruder Martin, Glöckner,
schläfst du, schläfst du?
Läute die Glocken,
läute die Glocken.
Din don dan, din don dan.

Polska:
Panie Janie, Panie Janie.
Niech Pan wstanie!
Niech Pan wstanie!
Tylko lenie jescze spio
kiedy dzwony bijo.
Bim bam bon. Bim bam bon.

Türkiye:
Tembel çocuk, tembel çocuk,
haydi kalk,
haydi kalk,
artık sabah oldu,
artık sabah oldu,
gün doĝdu,
gün doĝdu.

Nederland:
Vader Jacob, Vader Jacob,
slaapt gij nog,
slapt gij nog?
Alle klokken luiden,
alle klokken luiden.
Bim, bam, bom.
Bim, bam, bom.

Polen:
Herr Johann, Herr Johann.
Bitte, Herr, steh auf!
Bitte, Herr, steh auf!
Nur Faule schlafen noch,
wenn die Glocke schlägt.
Bim bam bon. Bim bam bon.

Türkei:
Faules Kind, faules Kind,
los, steh endlich auf,
los, steh endlich auf,
es ist schon Morgen,
es ist schon Morgen,
der Tag ist angebrochen,
der Tag ist angebrochen.

Niederlande:
Vater Jacob, Vater Jacob,
schläfst du noch,
schläfst du noch?
Alle Glocken läuten,
alle Glocken läuten,
Bim, bam, bom.
Bim, bam, bom.

Geschichten-Werkstatt

①

②

③

④

⑤

⑥

Was man mit Geschichten alles tun kann

Vorzulesen schöne Geschichten,
darauf solltest du niemals verzichten!

Und lass dich auch niemals dabei stören,
andern beim Vorlesen zuzuhören.

Von Geistern oder von anderen Wesen
kannst du abends im Bett auch Geschichten lesen.

Du kannst dir auch mal dein Gehirn verrenken
und dir selber eine Geschichte ausdenken.

Oder dir damit die Zeit vertreiben,
eine Geschichte ganz für dich selbst zu schreiben.

Du kannst dir auch eine Freundin wählen
und ihr eine Geschichte einfach erzählen.

Doch geht das alles wirklich schief,
dann schreib doch einfach mal 'nen Brief.

Mit Geschichten im Kopf davonzufliegen,
das ist für jeden ein großes Vergnügen.

1 Hier sind acht Strophen darüber,
was du mit Geschichten alles tun kannst.
Jede Strophe gehört zu einem Bild.
Aber zu einem Bild gehören zwei Strophen,
und eine Strophe passt eigentlich zu allen Bildern.

Fachwörter, die du immer wieder brauchst

Der Kater und der Spiegel ← **Überschrift**

Wolfgang Menzel ← **Autor/Autorin**

1. Absatz

Im Zimmer steht ein großer Spiegel an der Wand. ← **Satz** Der Kater Kasimir steht vor dem Spiegel und sieht ← **Zeile** im Spiegel noch einen Kater. Kasimir schlägt mit der Pfote nach ihm. Der Kater im Spiegel schlägt auch mit der Pfote. Da wundert sich Kasimir.

2. Absatz

Kasimir guckt hinter den Spiegel. Er will sehen, wo der andere Kater steckt, aber hinter dem Spiegel ist niemand. Da wundert er sich noch viel mehr. Kasimir faucht und schleicht sich davon.

Das ist ein **Text**.
Ein Text, der etwas erzählt, ist eine **Geschichte**.
Eine Geschichte hat eine **Überschrift**.
Nach der Überschrift steht der Name des **Autors**, der **Autorin**.
Eine Geschichte besteht aus mehreren **Sätzen**.
Ein Satz kann kürzer, aber auch länger sein als eine **Zeile**.
Die meisten Texte haben mehrere **Absätze**.

Wie viele Absätze hat eigentlich diese Geschichte?

Manchmal ist ein Satz genauso lang wie eine Zeile!

Drei Sätze sind aber kürzer als eine Zeile!

Wer kann mir sagen, wie viele Sätze der ganze Text hat?

Ein Satz ist besonders lang. Der reicht ja über mehrere Zeilen!

Eine Geschichte zu Ende schreiben

Total verregnet!

Draußen im Garten feiern die Kinder Leas Geburtstag.
Auf dem großen Gartentisch liegt
eine schöne weiße Tischdecke.
Darauf stehen Teller und Tassen,
Gläser und Flaschen, Kuchen und Torten.
Leas Vater hat Stühle und Bänke aufgestellt.
Darauf liegen Kissen und Decken.
An einer Leine hängen Luftballons und Lampions.
Die Sonne scheint.
Alle sind fröhlich und lachen.
Auf einmal aber kommen dicke Wolken.
Es fängt an zu regnen.
Die Kinder rennen ins Haus.
Sie sehen aus dem Fenster.

Dicke Regentropfen trommeln auf ___ und ___.
Sie tropfen auf ___ und ___.
Sie pladdern auf ___ und ___.
Sie klatschen auf ___ und ___.
Alles wird pitschnass, auch die ___ und ___.
Nur gut, denken die Kinder,
dass wir hier drinnen im Trocknen sitzen!

1. Lest euch die Geschichte gegenseitig vor.

2. Schreibe deine eigene Regengeschichte zu Ende.

Ein Märchen nach Bildern erzählen

Rotkäppchen

Nach Jakob und Wilhelm Grimm

1

2

3

4

5

6

7

8

9

10

11

12

Das Märchen von Rotkäppchen fängt so an:

Es war einmal eine kleine süße Dirne,
die hatte jedermann lieb, der sie nur ansah,
am liebsten aber ihre Großmutter.
Einmal schenkte sie ihr ein Käppchen von rotem Samt,
und weil ihr das so wohl stand
und es nichts anderes mehr tragen wollte,
hieß es nur das Rotkäppchen.
Als die Großmutter einmal krank war,
ging Rotkäppchen zu ihr, um sie zu besuchen.
Die Mutter hatte ihr in einen Korb
Kuchen und eine Flasche Wein eingepackt.
Damit ging sie durch den Wald zur Großmutter.

A Auf dem Weg traf sie den Wolf.

B Rotkäppchen pflückte im Wald Blumen.

C Der Wolf ging indessen zur Großmutter.

D Die Großmutter ließ ihn herein,
und der Wolf fraß sie auf.

E Er zog ihre Kleider an
und legte sich in ihr Bett.

F Dann kam Rotkäppchen. Sie sagte:
„Großmutter, was hast du
für ein entsetzliches großes Maul?"

G Der Wolf sagte:
„Damit ich dich besser fressen kann!"
Dann verschlang er Rotkäppchen.

H Da ging der Jäger
an dem Haus vorbei.
Er sah,
dass der Wolf im Bett lag.

I Er ging ins Haus
und schnitt dem Wolf
den Bauch auf.

J Da kamen Rotkäppchen
und die Großmutter
aus dem Bauch des Wolfes
lebendig heraus.

K Sie füllten dem Wolf Steine
in den Bauch.
Als er erwachte, fiel er tot
um. Da waren alle vergnügt.

L Und Rotkäppchen ging
wieder nach Hause.

1. Lasst euch das Märchen zuerst einmal erzählen.

2. Dann erzählen es die Kinder, die es schon kennen, nach.
Die anderen zeigen auf die Bilder.

Eine Geschichte zusammensetzen

Der einsame Schmetterling

Barbara Rhenius

Der Schmetterling schaut dem Hasen hinterher
und flattert traurig weiter.
Da trifft er ein Pferd und sagt zu ihm:
„Liebes Pferd, kannst du nicht mit mir spielen?“
„Ich kann doch nicht fliegen!“, sagt das Pferd.
„Aber wenn du reiten kannst,
spiele ich gern mit dir!“
Und das Pferd wiehert –
und springt davon.

Der Schmetterling schaut dem Frosch hinterher
und flattert traurig weiter.
Da trifft er eine Maus und sagt zu ihr:
„Liebe Maus, wollen wir zusammen spielen?“
„Ich kann doch nicht fliegen!“, sagt die Maus.
„Aber in mein Mausloch kriechen,
das würde ich gern mit dir!“
Und die Maus kriecht in ihr Loch –
und ist verschwunden.

Ein bunter Schmetterling flattert einsam durch die Luft.
Da trifft er einen Frosch und sagt zu ihm:
„Lieber Frosch, wollen wir zusammen spielen?“
„Ich kann doch nicht fliegen!“, sagt der Frosch.
„Aber schwimmen, das würde ich gern mit dir!“
Und der Frosch springt in den Teich – und taucht unter.

Der Schmetterling schaut der Maus hinterher
und flattert traurig weiter.
Da trifft er einen Hasen und sagt zu ihm:
„Lieber Hase, wollen wir zusammen spielen?“
„Ich kann doch nicht fliegen!“, sagt der Hase.
„Aber über das Feld rennen,
das würde ich gern mit dir!“
Und der Hase schlägt einen Haken –
und rennt davon.

Der Schmetterling schaut dem Pferd hinterher
und flattert traurig weiter.
Da trifft es einen anderen Schmetterling
und sagt zu ihm: „...“

Ich glaube,
wir haben den Anfang:
Ein bunter Schmetterling ...

Und bei uns geht es weiter:
Der Schmetterling schaut
dem Frosch hinterher ...

1 Jede Gruppe liest einen Abschnitt.
Setzt die Geschichte gemeinsam zusammen.

2 Und wie geht die Geschichte wohl zu Ende? Erzählt!

Eine Geschichte der Reihenfolge nach ordnen
Einen Schluss für eine Geschichte finden

Eine Geschichte mit Bildwörtern lesen

Der Schornsteinfeger

Beate Günther

 Das ist der Schornsteinfeger.

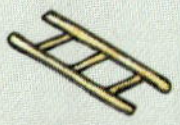Das ist die Leiter vom  .

 Das ist das Haus.

Der  mit der 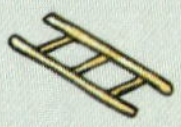 steht vor dem .

 Das ist das Dach von dem .

 Und das ist der Schornstein auf dem 
von dem .

Der  stellt die  an das .

Der  klettert auf der  auf das 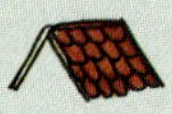
von dem .

Und dann steht der  ganz oben auf dem 
von dem  und kehrt den .

Danach kommt der ? auf der ? wieder herunter geklettert.

„Das war's!“, sagt der ?.

Eine Geschichte vorlesen

Die eigensinnigen Ziegen

Unbekannter Verfasser

Eine Ziege wollte über einen Steg[1]) hinüber. |
Zu gleicher Zeit | wollte eine andere Ziege herüber. |
Mitten auf den Steg | trafen sie sich. |
Trotzig sprach die erste Ziege: |
„Weiche mir aus, | ich war zuerst auf dem Steg!“ |
Die zweite sagte: |
„Geh du auf die Seite, | ich bin älter als du!“ |
So stritten sie lange miteinander. |
Plötzlich rutschten die beiden Ziegen
auf dem schmalen Steg aus | und fielen ins Wasser. |
Nur mit viel Mühe |
konnten sie das rettende Ufer erreichen. |

[1]) Ein Steg ist eine schmale Brücke.

1. Lies die Geschichte zuerst nur mit den Augen.

2. Lies sie dir dann halblaut selbst vor.
Betone die unterstrichenen Wörter.
Mache eine kleine Pause, wo ein Strich steht.

3. Lest euch die Geschichte dann gegenseitig vor.
Achtet auf die Pausen und die Betonungen.

→ A ... wie Anfang, Seite 17:
Immer längere Sätze lesen

Wörter in eine Geschichte einfügen

Rosalinde hat Gedanken im Kopf

Christine Nöstlinger

Rosalinde hat ein Loch im Socken.
Rosalinde hat einen Verband ums Knie.
Rosalinde hat einen Marienkäfer in der Hand.
Rosalinde hat eine Kette um den Hals.
Rosalinde hat Gedanken im Kopf.
Die Mama sieht das ?! im Socken.
Der Papa sieht den ?! ums Knie.
Die Katze sieht den ?! in der Hand.
Die Oma sieht die ?! um den Hals.
Die ?! im Kopf sieht niemand.
„Das ist gut so!“, sagt Rosalinde.

1. Lies die Geschichte zuerst nur mit den Augen.

2. Lies sie dir dann selbst vor
und setze die fehlenden Wörter ein.

3. Lest euch die Geschichte gegenseitig vor.

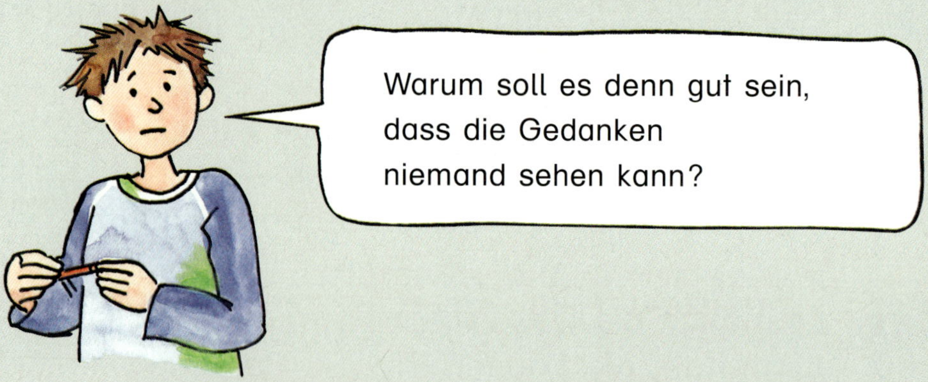

Eine Geschichte lesen und vorlesen
Fehlende Wörter in eine Geschichte einsetzen

Eine gute Frage

Manfred Mai

Fuchs

Maus

Igel

Stacheln

1 Setze beim Vorlesen die Wörter in die Geschichte ein.

Ein ? liebte
eine ?.
Doch sobald er sich ihr näherte,
lief sie davon.
Das machte den ? sehr traurig.
„Warum muss ausgerechnet ich ? haben?“,
fragte er den schlauen ?.
„Das verstehe ich auch nicht“, antwortete der ?.
„Mir wärst du auch ohne ? viel lieber.“

2 Erzähle die Geschichte mit diesen Wörtern:

Uhu | Ente | Tiger | scharfe Krallen

Wörter in eine Geschichte einfügen

Heute ist Sonntag

Heute ist Sonntag.
Da muss ich … in die Schule gehen.
Ich gehe … zu Fuß zur Bushaltestelle.
Der Schulbus fährt sonntags … .
Auf dem Schulhof sind … Kinder zu sehen.
Die Lehrerin kommt heute … .
Denn heute ist Sonntag.

Morgen ist Montag

Morgen ist Montag.
Da muss ich … in die Schule gehen.
Ich gehe … zu Fuß zur Bushaltestelle.
Der Schulbus kommt … .
Auf dem Schulhof warten Kinder.
Die Lehrerin kommt auch … .
Denn morgen ist Montag.

auch bald | auch nicht | immer | keine | auf keinen Fall | nicht | nie | schon | überall | wieder

1. Lies die beiden Geschichten erst einmal so durch, wie sie da stehen.

2. Suche dir für jedes Feld ein passendes Kärtchen aus. Setze es beim Vorlesen ein.

3. Schreibe eine der beiden Geschichten auf. Setze die passenden Kärtchen ein. Aber Achtung: Jedes Kärtchen nur einmal nehmen!

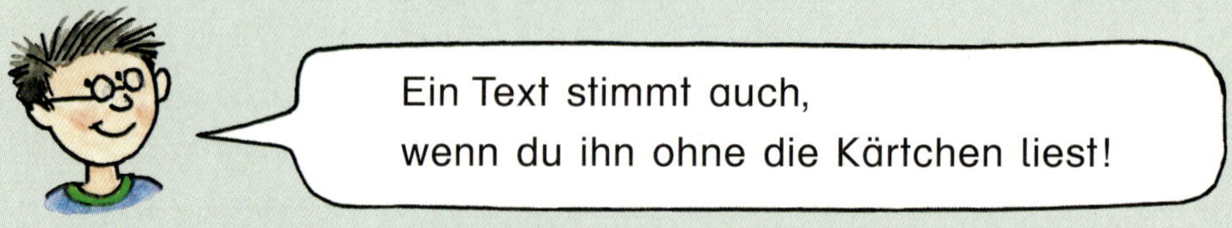

Passende Wörter auswählen
Eine Geschichte lesen und vorlesen
Eine Geschichte aufschreiben

Die Geschichten

Eine gute Frage

Manfred Mai

Ein Igel liebte eine Maus.
Doch sobald er sich ihr näherte,
lief sie davon.
Das machte den Igel sehr traurig.
„Warum muss ausgerechnet ich
so viele Stacheln haben?“,
fragte er den schlauen Fuchs.
„Das verstehe ich auch nicht“,
antwortete der Fuchs.
„Mir wärst du ohne Stacheln viel lieber.“

Rosalinde hat Gedanken im Kopf

Christine Nöstlinger

Rosalinde hat ein Loch im Socken.
Rosalinde hat einen Verband ums Knie.
Rosalinde hat einen Marienkäfer in der Hand.
Rosalinde hat eine Kette um den Hals.
Rosalinde hat Gedanken im Kopf.
Die Mama sieht das Loch im Socken.
Der Papa sieht den Verband ums Knie.
Die Katze sieht den Marienkäfer in der Hand.
Die Oma sieht die Kette um den Hals.
Die Gedanken im Kopf sieht niemand.
„Das ist sehr gut so!“, sagt Rosalinde.

Echowörter

Was ist niemals heiß? — Hände!

Wo ist das dümmste Tier? — Heute!

Wann bist du ein ganz Schlimmer? — Hosen!

Wer isst gern Brot mit Qualle? — Immer!

Was verlieren die Matrosen? — Alle!

Wer malt gern auf die Wände? — Hier!

Wann schlafen alle Leute? — Eis!

Reime einfügen

Im Lande der Zwerge

Wolfgang Menzel nach Heinrich Seidel

So geht es im Lande der Zwerge:
Maulwurfshügel sind dort wie ? .

Ein Krümelchen ist wie ein dicker Stein.
Ein Meerschweinchen ist so groß wie ein ? .

Eine Feder ist einen Zentner schwer.
Eine Pfütze ist dort so groß wie ein ? .

Ein Bleistift ist wie ein riesiger Turm.
Groß wie 'ne Schlange ist dort ein ? .

Stark wie ein Löwe ist dort eine Maus.
Eine Streichholzschachtel ist wie ein ? .

Dick wie ein Baumstamm ist dort ein ? .
Und eine Minute dauert dort fast ein ? .

Jahr

Berge

Schwein

Wurm

Haus

Gedichte lesen und schreiben

Das Gedicht mit der 8

Barbara Rhenius

Frau Grete Pr8
ist in der N8
im Traum auf einmal aufgew8:
„Hat da einer Krach gem8?“,
hat sie ged8
und schlich sich s8
ans Fenster.
Doch draußen: Nichts als dunkle N8!
Erleichtert ist Frau Grete Pr8
ins Bett gekr8
und hat ged8:
„Ich glaub, ich seh Gespenster!“

1. Schreibe dieses Gedicht richtig auf.
   Für die **8** musst du immer **acht** schreiben.

Rosinchen träumt von Pferden

Barbara Rhenius

Es war in dunkler Mitatern**acht**,
da ist Rosinchen aufgew**acht**.
Im Traum saß sie zu Pferde.
„Wo bin ich nur?“, hat sie ged**acht**,
denn sie war aus dem Bett gekr**acht**.
Da lag sie auf der Erde!

2. Schreibe dieses Gedicht so auf wie das Gedicht
   oben auf der Seite.
   Jetzt musst du für **acht** immer **8** schreiben.

Da oben auf ?

Frantz Wittkamp

Da oben auf ?,
da steht eine Kuh,
die singt gerne im Dunkeln,
und der Mond hört ihr zu.

Da oben auf ?
steht einer und weint,
der ist ganz alleine
und hat keinen Freund.

Da oben auf ?
steht einer und schreit
und möchte nach Hause.
Der tut mir so Leid.

Da oben auf ?,
da stehn zwei Paar Schuh,
das eine nehm ich,
und das andre kriegst du.

Da oben auf ?
steht einer und singt,
aber Gott sei Dank leise,
weil es nicht so schön klingt.

Fünf Gespenster – Theodor, Theodor

Dorothée Kreusch-Jacob
Roswitha Fröhlich

Fünf Gespenster
hocken vor dem Fenster.
Theodor, Theodor
hat ’nen kleinen Mann im Ohr.
Das erste schreit: „Haaaaaaa!“
Das zweite heult: „Hooooooo!“
Ziept ihn hier,
ziept ihn dort.
Das dritte brummt: „Huuuuuuuu!“
Das vierte lacht: „Hiiiiii!“
Wenn er kratzt,
ist er fort.
Das fünfte schwebt zu dir herein
und flüstert: „Woll’n wir Freunde sein?“
Darum wäscht der Theodor
weder links noch rechts das Ohr.

Einen Text entflechten

→ Jahreszeiten, Feste und Feiern, Seite 99: Sommersonne, Sommerregen

Wörter in ein Gedicht einsetzen

Der ⁇ Hund

Peter Hacks

Geh ich in der Stadt umher,
Kommt ein ⁇ Hund daher,
Wedelt mit dem Schwanz so sehr,
Nebenher,
Hinterher
Und verläßt mich gar nicht mehr.
Wedelt mit den ⁇ Ohren,
Hat wohl …

1 Vergleicht einmal eure Gedichte mit dem von Peter Hacks. Ihr findet es auf Seite 153.

Fachwörter, die du immer wieder brauchst

Überschrift → **Unsinn**

Autor/Autorin → Wolfgang Menzel

Zeile oder **Vers** → Am Brunnen vor dem Tore,
das stand ein Birnenbaum.
Der trug so viele Äpfel,
man sah die Pflaumen kaum. ← **Strophe**

Satz → Und oben in den Zweigen,
da tanzten Fische rum.
Satz → Die Mäuse spielten Geigen,
die Spatzen sangen brummelbrumm. ← **Strophe**

Das ist ein **Text**.
Er hat eine **Überschrift** und einen **Autor,** eine **Autorin.**
Ein Text, der sich reimt, heißt **Gedicht**.
Ein Gedicht besteht meistens aus mehreren **Strophen**.
Und eine Strophe hat immer mehrere **Verse**.
Ein Vers ist immer eine **Zeile** lang.
Ein **Satz** kann aber länger als eine Zeile sein.

Wie viele Strophen hat das Gedicht?

Wie viele Verse hat jede Strophe?

Wie soll ich das denn wissen?

Und aus wie vielen Sätzen besteht es?

Ist doch leicht:
Ein Satz ist immer bei einem Punkt zu Ende!

Ein Parallelgedicht schreiben

Was ich mag – und was nicht

Eis und Himbeeren schmecken lecker,
bei Ananas ich aber mecker'.

Bei Bratwürstchen strahlt mein Gesicht,
doch Blutwurst, nein, die mag ich nicht!

Spaghetti könnt' ich immer essen,
doch Pommes kannst du glatt vergessen!

Rote Hosen find' ich schön,
doch grüne Schuh' kann ich nicht sehn.

Lachen find' ich richtig gut,
doch Auslachen bringt mich in Wut.

Toben find' ich meistens toll,
vom Streit hab ich die Nase voll.

In einen Clown würd' ich mich gern verkleiden,
doch Hexenkleider kann ich gar nicht leiden!

1. Suche dir einige Strophen aus und setze selbst ein, was du magst oder nicht magst.

Eigene Vorlieben formulieren und einsetzen

→ Ich bin ich, Seite 32: Ich

Gedichte lesen – weiterschreiben

So könnt ihr weiterschreiben:
Perolli perulli,
wo ist denn mein Pulli?
Perase peruse,
wo ist ...

Peratze perütze

Otto Julius Bierbaum

Peratze perütze,
wo ist meine Mütze,
perütze perause,
wo ist meine Krause,
perause peracke,
wo ist meine Jacke,
peracke perose,
wo ist meine Hose,
perofel periefel,
wo sind meine Stiefel?

Geräusche beim Gehen

Frauke Wendula

In Holzpantinen geht Herr Schnoof, |
klapp klopp, klapp klopp, laut übern Hof. |
Sein Pony trabt, kladipp, kladapp,
ihm hinterher im Pferdetrab. |
In Latschen latscht Herr Sipperlapp,
schlipp schlapp, schlipp schlapp, die Trepp' hinab. |
In Stöckelschuhen auf der Straß'
stolziert, klick klack, klick klack, Frau Maaß.
Und barfuß leise durch die Wiese
geht, | wisch wasch wusch, die kleine Liese. |

1 Lies die Geräusche beim Gehen so,
dass die Unterschiede deutlich zu hören sind.
Betone die unterstrichenen Wörter.
Bei den Strichen mache eine Pause.

→ Jahreszeiten, Feste und Feiern, Seite 109: Winter

Die Gedichte

Der blaue Hund

Peter Hacks

Geh ich in der Stadt umher,
Kommt ein blauer Hund daher,
Wedelt mit dem Schwanz so sehr,
Nebenher,
Hinterher
Und verläßt mich gar nicht mehr.
Wedelt mit den blauen Ohren,
Hat wohl seinen Herrn verloren.

Fünf Gespenster

Dorothée Kreusch-Jacob

Fünf Gespenster
hocken vor dem Fenster.
Das erste schreit: „Haaaaaaa!"
Das zweite heult: „Hooooooo!"
Das dritte brummt: „Huuuuuuuu!"
Das vierte lacht: „Hiiiiiiii!"
Das fünfte schwebt
zu dir herein und flüstert:
„Woll'n wir Freunde sein?"

Theodor, Theodor

Roswitha Fröhlich

Theodor, Theodor
hat 'nen kleinen Mann im Ohr.
Ziept ihn hier,
ziept ihn dort,
wenn er kratzt,
ist er fort.
Darum wäscht der Theodor
weder links noch rechts das Ohr.

Da oben auf dem Berg

Frantz Wittkamp

Da oben auf dem Berg,
da steht eine Kuh,
die singt gerne im Dunkeln,
und der Mond hört ihr zu.

Da oben auf dem Berg
steht einer und weint,
der ist ganz alleine
und hat keinen Freund.

Da oben auf dem Berg
steht einer und schreit
und möchte nach Hause.
Der tut mir so Leid.

Da oben auf dem Berg,
da stehn zwei Paar Schuh,
das eine nehm ich,
und das andre kriegst du.

Da oben auf dem Berg
steht einer und singt,
aber Gott sei Dank leise,
weil es nicht so schön klingt.

Theater-Werkstatt

Wir sind der größte Zirkus

Text und Melodie: Dorothée Kreusch-Jacob

Jetzt geht die erste Nummer los.

Im Zirkus gibt es:

Clowns

Reiter

Zauberer

Artisten

Dompteur

wilde Tiere

...

...

Zuschauer

1 Suche dir eine Rolle aus.
Überlege, wie du dich in deiner Rolle bewegen kannst.
Brauchst du einen Partner oder eine Partnerin?
Spielt eure Rolle ohne Worte.
Die Zuschauer sagen, was gut war, und geben Tipps.

stolpern wie ein Clown

mit Bällen jonglieren

auf dem Seil balancieren

wie Tiger schleichen

wie Löwen brüllen

wie Elefanten schreiten

wie Pferde traben und wiehern

… und jetzt kommen die …

Spielen in der Klasse

Eine Mäuse-Geschichte

Heinrich Hoffmann v. Fallersleben

In unserem Häuschen
gibt's sehr viele Mäuschen.
Sie kribbeln und krabbeln,
sie zippeln und zappeln.
Sie gehen auf den Tisch,
auf Stühle,
auf Bänke
und in die Schränke.
Doch will man sie fangen,
springen sie flink von dannen.

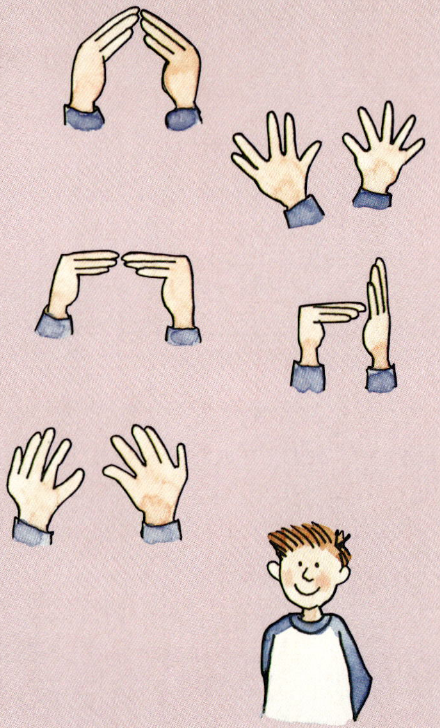

Still

Friederike Mayröcker

still
standen auf einmal
die Schäfchen
verwandelten sich zu Stein
nun wächst
Efeu über sie bedeckt sie

Sieben kleine Bären

Josef Guggenmos

Sieben kleine Bären
gingen trippel-trappel
durch den Wald
und hielten sich brav
bei den Vordertatzen.

Wie gehen die Bären?

Da standen sieben kleine Katzen
bei einer Pappel am Bach.
Und sagten:
Ach, wären wir drüben, miau!

Wie müssen die Katzenstimmen wohl klingen?

Die Katzen machten die Augen zu
vor Ängsten.
Und der kleinsten war es am bängsten.

Wie sieht jemand aus, der Angst hat?

Da nahmen die sieben kleinen Bären
die sieben kleinen Katzen auf ihren Rücken
und sagten:
Wir sind stark, es wird uns glücken.

Achtung: Wer kann wen tragen?

Als sie am anderen Ufer waren,
sagten die sieben Kätzlein
artig das Sätzlein:
Wir danken schön!

Es ist gern geschehen,
erklärten die Bären und meinten auch:
Ja, wenn wir nicht wären!

Welches Gefühl zeigen die Bären hier?

Jetzt klingen die Katzenstimmen anders? Warum wohl?

1 Die Fragen unter den Strophen helfen euch vielleicht beim Spiel.

Ein Märchenspiel

Vom dicken, fetten Pfannekuchen

C. und T. Colshorn

Es waren einmal drei alte Weiber,
die gern einen Pfannekuchen essen wollten.
Da gab die erste das Ei dazu, die zweite Milch
und die dritte Fett und Mehl.
Als der dicke, fette Pfannekuchen fertig war,
richtete er sich in der Pfanne in die Höhe
und lief den drei alten Weibern weg und lief immerzu
und lief kantapper, kantapper in den Wald hinein.

Da begegnete ihm ein Häschen und rief:

„Dicker, fetter Pfannekuchen,
bleib stehen,
ich will dich fressen!"

Der Pfannekuchen antwortete:

„Ich bin drei alten Weibern weggelaufen
und soll dir, Häschen Wippschwanz,
nicht weglaufen?"

und lief kantapper, kantapper in den Wald hinein.

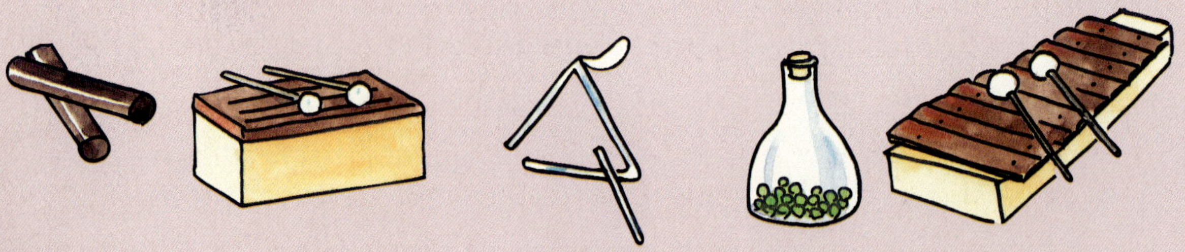

Da kam ein Wolf herangelaufen
und rief:

„Dicker, fetter Pfannekuchen,
bleib stehen,
ich will dich fressen!“

Der Pfannekuchen antwortete:

„Ich bin drei alten Weibern weggelaufen
und Häschen Wippschwanz
und soll dir, Wolf Dickschwanz,
nicht weglaufen?“

und lief kantapper, kantapper in den Wald hinein.

Da kam … Ziege Langbart

Schwein Kringelschwanz

Pferd Plattfuß

Da kamen drei Kinder daher,
die hatten keinen Vater und keine Mutter mehr,
und sprachen:
„Lieber Pfannekuchen, bleib stehen.
Wir haben noch nichts gegessen den ganzen Tag.“

Da sprang der dicke, fette Pfannekuchen
den Kindern in den Korb und ließ sich von ihnen essen.

Theaterpuppen

Aus Pappe, Papier, Kugeln, Perlen, Draht, Tüchern, Stoffresten, Küchengeräten und noch vielen anderen Sachen kannst du Puppen für ein Theater basteln.

Stockpuppen

Finger-Theater

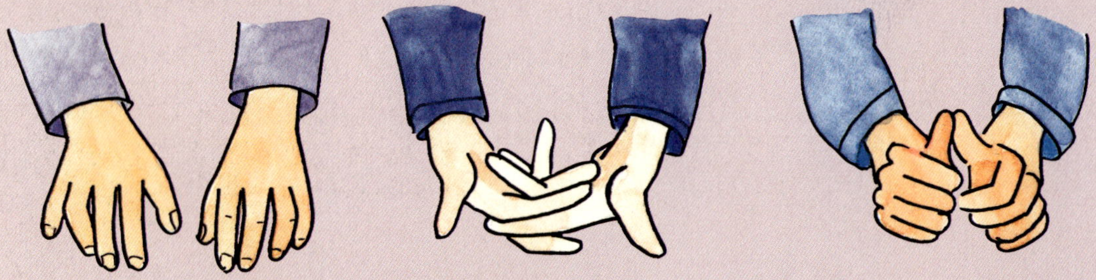

Handpuppen

Puppentheater

Aus großen Kartons oder
aus kleinen Schachteln,
sogar aus einem Briefumschlag
kannst du dir eine Theaterbühne basteln.

Bauchladen-Theater

Stuhl-Theater

Brief-Theater

Hörspiele

Wenn ein Löwe in die Schule geht

Friedl Hofbauer

Wenn ein Löwe in die Schule geht,
lernt er:
brüllen und schleichen
und mit weichen
Tatzen
kratzen.

Wenn ein Floh in die Schule geht,
lernt er:
Hochsprung und beißen,
das will schon was heißen.

Wenn ein Rasenmäher in die Schule geht,
lernt er:
Rasen scheren,
Ruhe stören,
schneidig blinken,
und stinken.

Wenn ein Gespenst in die Schule geht,
lernt es:
spuken und spucken,
wimmern und zucken,
wehen und winseln,
malen – mit Schattenpinseln.

Annas Morgen

① Anna schläft noch fest.

② Anna ist im Bad.

③ Anna frühstückt.

④ Anna geht zur Schule.

⑤ Anna lernt.

⑥ Anna hat Pause.

⑦ Anna lernt noch mehr.

⑧ Die Schule ist aus.

⑨ Anna geht nach Hause.

1 Stellt euch vor, was es zu den Bildern zu hören gibt.

- Überlegt, welche Geräusche ihr selbst machen könnt und welche ihr draußen findet.
- Überlegt auch, was die Personen reden, rufen, flüstern, … sollen.

Die lange Geschichte

Jetzt kommt ja eine richtig lange Geschichte, toll!!

Ob ich die wohl schaffe?

Das ist das Märchen *Die Bremer Stadtmusikanten.* Soll ich es euch vorlesen?

Da sind ja viele Absätze. Damit kann man sich das Lesen doch gut einteilen.

Wer liest mit mir zusammen?

Die Bremer Stadtmusikanten

Jakob und Wilhelm Grimm

Es hatte ein Mann einen Esel. Der hatte ihm schon lange Jahre treu gedient. Nun gingen aber seine Kräfte zu Ende, und er taugte zu keiner Arbeit mehr. Da wollte ihn sein Herr loswerden. Der Esel merkte das und machte sich auf den Weg nach Bremen. Dort, dachte er, kannst du ja Stadtmusikant werden.

Als er ein Weilchen gegangen war, fand er einen Jagdhund auf dem Wege liegen. Der jappte wie einer, der sich müde gelaufen hatte. „Was jappst du so?“, sprach der Esel. „Ach“, sagte der Hund, „weil ich alt bin und auf der Jagd nicht mehr fort kann, wollte mich mein Herr totschlagen. Da habe ich Reißaus

Frick-Gerke, Christine

Bücher kann man lesen 91

Aus: Die Erde ist mein Haus. Jahrbuch der Kinderliteratur. Hg. von H.-J. Gelberg. Weinheim und Basel: Beltz 1988.

Fröhlich, Roswitha

Mein Luftschloss 74

Aus: Mücki und Max 6/98. Hg. von der Arbeitsgemeinschaft Jugend und Bildung e.V. Wiesbaden 1998.

Theodor, Theodor 148, 153

Aus: Dorothee Kreusch-Jacob (Hg.). Da hüpft der Frosch den Berg hinauf. München: Ellermann Verlag 1987. © Roswitha Fröhlich.

Fuchs, P.; Gundlach, W.

Guten Morgen, guten Morgen 122

Nach einer englischen Volksweise. © Ernst Klett Grundschulverlag GmbH, Stuttgart.

Funke, Cornelia

Ferien in Italien 126

Aus: Cornelia Funke. Leselöwen Feriengeschichten. Bayreuth: Loewes.

Gabi (Schülerin)

Mein kleiner Bruder 96

Aus: Mücke. Kinderzeitschrift für Schule und Freizeit. Nr. 3/1991. Wiesbaden 1991. © Universum Verlagsanstalt GmbH KG. S. 8–9.

Goodman, Vivienne

Was meinst du? 110

Aus: Mem Fox und und Vivienne Goodman. Was meinst du? Oldenburg: Lappan Verlag 1991.

Grimm, Jakob und Wilhelm

Die Bremer Stadtmusikanten 164

Rotkäppchen 135

Aus: Kinder- und Hausmärchen der Brüder Grimm. Herausgegeben von Friedrich Panzer. Wiesbaden 1839.

Groll, Annika (Schülerin)

Vampire flattern durch die Nacht 114

Originalbeitrag.

Guggenmos, Josef

Sieben kleine Bären 157

Aus: Josef Guggenmos. Ich mache große Schritte. Wien: Österreichischer Bundesverlag 1957. © Josef Guggenmos.

Weihnacht 106

© Josef Guggenmos.

Verschneite Welt 108

Aus: Josef Guggenmos. Was denkt die Maus am Donnerstag? Weinheim und Basel: Beltz & Gelberg 1998. Programm Beltz & Gelberg, Weinheim.

Gündisch, Karin

Thomas 34

Aus: Die Erde ist mein Haus. 8. Jahrbuch der Kinderliteratur. Hg. von H.-J. Gelberg. Weinheim und Basel: Beltz & Gelberg 1988.

Gundlach, W.; Fuchs, P.

Guten Morgen, guten Morgen 122

Nach einer englischen Volksweise. © Ernst Klett Grundschulverlag GmbH, Stuttgart.

Günther, Beate

Der Schornsteinfeger 138

Originalbeitrag.

König, Marie (Schülerin)

Mein Meerschweinchen 54

Originalbeitrag.

Kreft, Marianne

Petra 42

Aus: Menschengeschichten. 3. Jahrbuch der Kinderliteratur. Hg. von H.-J. Gelberg. Weinheim und Basel: Beltz & Gelberg 1975.

Kreidolf, Ernst

Nebel 103

Aus: Schwätzchen, Bilder und Reime. Köln, Dortmund: Hermann Schaffstein o. J.

Krenzer, Rolf

Spiellied vom Heiligen Martin 104

Aus: Weihnachten im Kindergarten. Lahr: Edition Kemper im Kaufmannverlag 1984. Melodie: Hans-Werner Clasen. Rechte bei den Autoren.

Kreusch-Jacob, Dorothée

Fünf Gespenster 148

Aus: Dorothée Kreusch-Jacob (Hg.). Da hüpft der Frosch den Berg hinauf. München: Ellermann Verlag 1987. S. 40.

Wir sind der größte Zirkus 154

Aus: Dorothée Kreusch-Jacob. Lieder-Spielbuch für Kinder. Ravensburger Buchverlag Otto Maier 1978.

Krüss, James

Spatzenjanuar 108

Aus: Jerzy Ficowski (Hg.). Kalenderreigen. 12 Monatsgedichte in freier Bearbeitung von James Krüss. München: Annette Betz Verlag 1967.

Leitner, Hilga

Frühling 94

Aus: Teddy 3. Esslingen: Schreiber Verlag 1973.

Ludwig, Sabine

Suse möchte krank sein 30

Aus: Sabine Ludwig. Was Papa kann, kann Suse auch. (Überschrift hinzugefügt.) © Verlag Friedrich Oetinger, Hamburg.

Maar, Paul

Knobeleien 12

Aus: Paul Maar. Konrad Knifflichs Knobelkoffer. Hamburg: Verlag Friedrich Oetinger 1987.

Mai, Manfred

Eine gute Frage 141, 143

Aus: Manfred Mai. 111 Minutengeschichten. Ravensburg: Otto Maier Verlag 1991.

Ich 32

Aus: Das achte Weltwunder. 5. Jahrbuch der Kinderliteratur. Hg. von H.-J. Gelberg. Weinheim und Basel: Beltz 1979.

Manz, Hans

Abenteuer in der Nacht 66

Aus: Hans Manz. Mit Wörtern fliegen. Weinheim und Basel: Beltz Verlag 1995.

Eva 49

Aus: Hans Manz. Da kichert der Elefant. Bilder von Verena Ballhaus. Zürich/Frauenfeld: Verlag Nagel & Kimche AG 1998.

Mayröcker, Friederike

Still 156

Aus: Friederike Mayröcker. Zittergaul. Gedichte. Ravensburg: Otto Maier Verlag 1989.

Unbekannte und ungenannte Autorinnen und Autoren

Verzeichnis zusätzlicher Bildquellen

Seite 22: Henriette Sauvant. Erzählbild. Aus: H.-J. Gelberg (Hg). Der bunte Hund. Nr. 46. Weinheim und Basel: Beltz Verlag 1997. Programm Beltz & Gelberg, Weinheim.
Seite 30/31: Sabine Ludwig. Was Papa kann, kann Suse auch. Titelbild und Illustrationen von Dunja Schnabel. © Verlag Friedrich Oetinger, Hamburg.
Seite 34: Studio Schmidt-Lohmann.
Seite 38: Kathrin Cave, Chris Riddel. Irgendwie Anders. Illustriert von Chris Riddel. Friedrich Oetinger Verlag, Hamburg.
Seite 43ff: Uri Orlev, Das kleine große Mädchen. Mit Bildern von Jacky Gleich. Weinheim und Basel: Beltz Verlag 1997, 2001. Programm Beltz & Gelberg, Weinheim.
Seite 49: Hans Manz. Da kichert der Elefant. Mit Bildern von Verena Ballhaus. Zürich/Frauenfeld: Verlag Nagel & Kimche AG 1998.
Seite 50: Was machen diese Katzen? A: © Franz Krenn/OKAPIA. – B: © Oliver Giel/OKAPIA. – D: © Hans Reinhard/OKAPIA. – E: © R. Greulich/Naturbild/OKAPIA. – C und F: © Reinhard Tierbild.
Seite 52: © J.-L. Klein & M.-L. Hubert/OKAPIA.
Seite 56: © Hans Reinhard/OKAPIA.
Seite 58: Umschläge: Die Katze. Mit Illustrationen von Henri Galeron. Meyer. Die kleine Kinderbibliothek. © 1997 Bibliographisches Institut & F.A. Brockhaus AG, Mannheim. – Wolfgang Hensel. Deine Meerschweinchen. © 2001, Franckh-Kosmos Verlags-GmbH & Co, Stuttgart. – Susan Meredith: Mein Hamster. München: © 2000 by Annette Betz Verlag im Verlag Carl Ueberreuter, Wien, München.
Seite 62: Franz Marc. Liegender Hund im Schnee (1910/1911). Städelsches Kunstinstitut Frankfurt/M. Foto: Joachim Blauel, Artothek.
Seite 64: Anita Albus. Der Waldboden. Aus: Anita Albus. Der Himmel ist mein Hut. Frankfurt/M.: Insel Verlag 1974.
Seite 69: Hainbuche. © Tönnies.
Seite 73: Henri Rousseau. Exotische Landschaft mit Affen und einem Papagei (1908). 2001 Taschen GmbH. © Archiv für Kunst und Geschichte, Berlin.
Seite 74: Niki de Saint Phalle. Haus für Kinder. © VG Bild-Kunst Bonn 2004.
Seite 82/83: KNISTER. Hexe Lilli zaubert Hausaufgaben. Umschlag und Bilder von Birgit Rieger. © 1992 by Edition Bücherbär. Arena Verlag GmbH, Würzburg.
Seite 84: KNISTER. © Arena, Würzburg.
Seite 86/87: KNISTER. Hexe Lillis Geheime Zauberschule. Illustrationen von Birgit Rieger. Würzburg: Arena Verlag GmbH, 2003.
Seite 89: Grundschule Hennen.
Seite 110: Vivienne Goodman. Was meinst du? Oldenburg: Lappan Verlag GmbH. 1991.
Seite 111: Magdalena Guirao Jullien: Eine Geschichte zum Fürchten. Umschlag und Illustrationen von Francoise Muller. Oldenburg: Lappan Verlag GmbH 1996.
Seite 112: Mirjam Pressler. Sieben und eine Hex. Umschlag und Illustrationen von Maria Wissmann. © 1992 by Loewes Verlag, Bindlach.
S. 116/117: Umschlag und Illustrationen von Annegert Fuchshuber. Michael Ende. Das Traumfresserchen. © 1978 by Thienemann Verlag GmbH, Stuttgart – Wien.
S. 118/119: Gunilla Bergström. Willi Wiberg und das Ungeheuer. © Friedrich Oetinger Verlag, Hamburg 1993.
Seite 120: Erhard Dietl. Die Olchis sind da! Verlag Friedrich Oetinger, Hamburg 1990.
Seite 134: Anonymer Illustrator. Rotkäppchen (nach Jakob und Wilhelm Grimm), Bilderbogen Nr. 2368. Verlag und Druck Robrahn & Co., Magdeburg um 1880.

Pusteblume

Das Lesebuch 2
Neubearbeitung

Herausgegeben von
Wolfgang Menzel

Erarbeitet von
Wolfgang Menzel
Edeltraud Schauer
Helga Schön
Ursula Schwarz

Dieses Werk folgt der reformierten Rechtschreibung und Zeichensetzung.
Ausnahmen bilden Texte, bei denen künstlerische, philologische
oder lizenzrechtliche Gründe einer Änderung entgegenstehen.

Druck A 2 / Jahr 2005

Alle Drucke der Serie A sind im Unterricht parallel verwendbar.

Redaktion:	Isolde Richter
Gesamtlay-out:	Wladimir Perlin
Illustration:	Maren Briswalter
	Angelika Çıtak
	Miriam Cordes
	Hans-Günther Döring
	Michael Schober
Herstellung:	Maren Albes
Umschlaggestaltung:	Magdalene Krumbeck
	mit einer Zeichnung von Michael Schober
Satz und Repro:	UMP Utesch Media Processing GmbH, Hamburg
Druck und Bindung:	westermann druck GmbH, Braunschweig

ISBN 3-507-**40902**-X